FRANCES RÍOS

ROMPE EL MOLDE

CAMBIA LAS REGLAS DEL JUEGO
Y ALCANZA TU CÚPULA PROFESIONAL

FRANCES RIOS

ROMPE EL MOLDE

Créditos:
Diseño Gráfico: Engine Creative Studio

FRANCES RIOS

ROMPE EL MOLDE

Este libro le pertenece a:

MI DESEO

ES EL DE INSPIRAR A LAS MUJERES
A ALCANZAR SUS CÚPULAS
PROFESIONALES Y EL DE AYUDAR A
LAS EMPRESAS A CONVERTIRSE EN
PROPULSORAS DE LA MUJER

DESEO PROMOVER LA INCLUSIÓN Y
EL DESARROLLO DE LA MUJER CON
EL FIN DE ABRIR EL CAMINO PARA
VICTORIA SOFÍA, MI SOBRINA

DEDICACIÓN

Wanda Nicole Vélez
Laura Victoria León
Janette Torres
Damaris Sánchez
Francisco Ríos
Waleska Rivera
Camalis Flores
Papá Sánchez
Mamiña
Coco
José Carmona
Touma-Taveras Family
Carlos Hahn
Linette Sánchez
Caroline de Posada
Rosana Roig
Eugenio Torres
Edna Vázquez Bonnet
Carmen Ana Culpeper
Manuel Bermúdez

Felix Agosto
José J. Villamil
Juan Bauzá
Loren Ferré
Manuel Casiano
Bob Leith
Pablo Figueroa
Alberto Estrella
Philip Schoene
Carlos Otero
Luis Gautier
Rafael Lama
Margareth Henriquez
Katherine Gonzalez Valentín
Nilda Vélez
Rafael del Valle
Gustavo Hermida

En memoria de Joachim de Posada, Ph.D.

DEDICO

ESTE LIBRO A LAS PERSONAS
CUYAS ACCIONES, INTENTAN
OBSTACULIZAR LA INCLUSIÓN
DE LA MUJER DEBIDO A SUS
PREJUICIOS CONSCIENTES E
INCONSCIENTES. GRACIAS A
TODOS POR INSPIRARME A
COMPARTIR MI CAMINO PARA
ROMPER EL MOLDE.

INTRODUCCIÓN

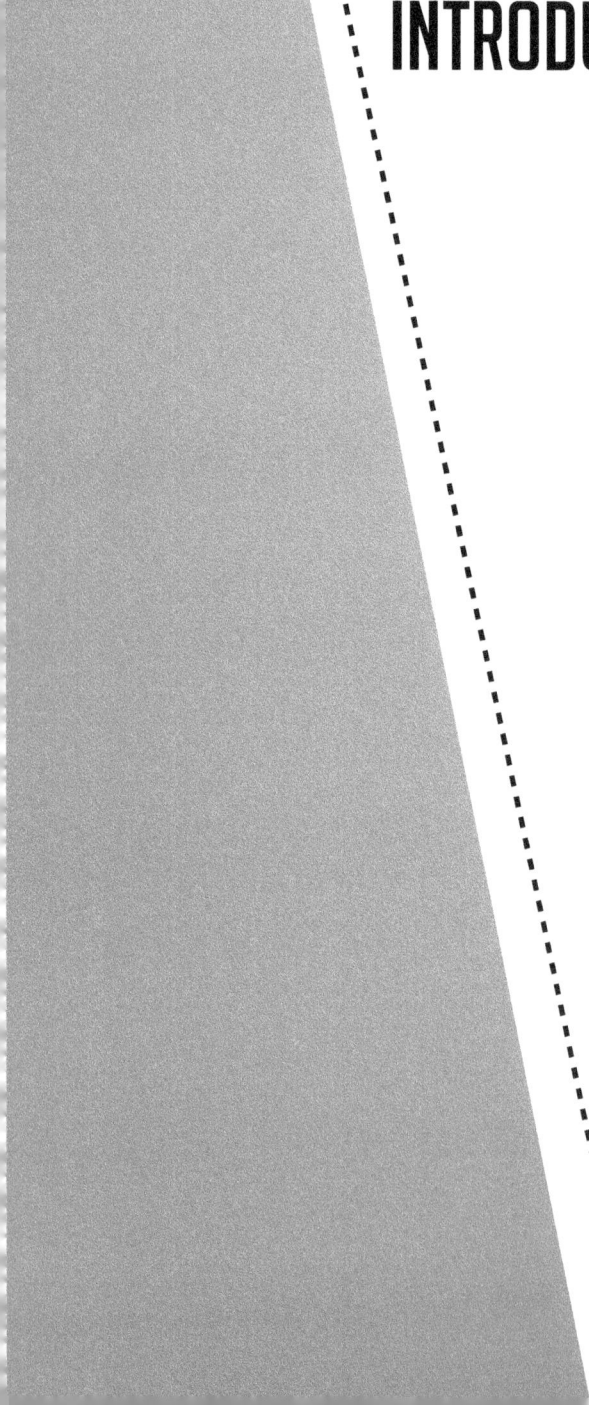

Dos pensamientos me vinieron a la mente cuando leí Rompe el Molde: No sólo es un libro para "aplaudir", sino que también motiva a los lectores a "predicar con el ejemplo". Frances toma una experiencia personal muy difícil, que algunos podrían considerar un fracaso, y la usa como su impulsor para influir en las vidas de las personas. Ella se apoya en sus experiencias de la vida real de ser una mujer que intenta romper el molde en el mundo de los negocios.

Este libro lleva esperanza a las mujeres que intentan alcanzar sus cúpulas profesionales mediante el establecimiento de objetivos y trazan el camino para lograrlas. Al mismo tiempo, Frances expresa claramente la necesidad de que seamos responsables de nuestras vidas y de que asumamos riesgos estratégicos. Muestra el valor de la familia, los amigos y las personas clave que cruzan nuestros caminos y pueden ser críticos en nuestra evolución.

No se trata de tenerlo todo, pero sí de ajustar tu Consola de Sonido Personal™ para lograr tu próxima cúpula profesional, de emprender las acciones necesarias para hacerlo, y de sentirte profesional y personalmente realizada.

Este libro es para aquellas a las que les gustaría reformar su fu-turo o desean ayudar a otras para lograrlo. Las desafía a examinar sus responsabilidades para romper el molde, y les brinda a hombres y mujeres las herramientas para conseguirlo. Si eres una ejecutiva o empresaria, puedes utilizar las estratégias que te ofrece para acelerar tus resultados económicos, al tiempo que promocionas la inclusión.

Después de leer este libro, puedo confirmar que el éxito de los negocios del futuro pertenece a las organizaciones que entiendan la importancia de la holística y la equidad de género. Felicito a Frances por todo lo que está realizando por la inclusión de la mujer en Puerto Rico y en el mundo.

Esto me motiva a ir más lejos de romper el molde, porque me di cuenta de que es un buen momento para elevar mi juego. ¡Estoy segura que disfrutará este libro inspirador tanto como yo!

MARGARETH HENRÍQUEZ
Presidente y Directora Ejecutiva de Krug, House of Champagne, Reims, France

TABLA DE CONTENIDO

COMO
ASUMIR
RIESGOS
EN FORMA
CALCULADA

CAPÍTULO
01

ROMPE EL MOLDE

Durante mi crianza en Puerto Rico, la mayoría de las jóvenes soñaban con encontrar un hombre, casarse, tener hijos y vivir en una casa con una piscina al aire libre para diversión durante los fines de semana. Ya sabes, el papel tradicional de esposa y madre en una cultura dominada por hombres. Al igual que en muchos países, algunos hombres ejercen el concepto de "machismo" y llevan la batuta. Sus mujeres obedecen sin cuestionarlos.

El machismo, es un fuerte sentido del orgullo masculino que estipula que los hombres son superiores a las mujeres y disfrutan de derechos y privilegios que a ellas se les niegan, donde las mujeres deben sentarse recatadamente en un segundo plano. A pesar de que se acepta que los varones se comporten de forma ruda, hablen en voz alta y hagan maldades, las niñas, por el contrario, deben ser tranquilas, formales y correctas, y lucir como muñecas bonitas adornadas con un lazo. Al llegar a la edad adulta, el machismo prevalece en el mundo de los negocios, en donde se espera que los hombres sean fuertes y asertivos, mientras que las mujeres deben ser amables y suaves.

El machismo no se limita a las culturas hispanas. Se observa en los Estados Unidos y en otros países alrededor del mundo donde algunos consideran que las mujeres son inferiores a los hombres. Esto es evidente en el lugar de trabajo, en donde pocas mujeres ocupan cargos del nivel C (principal oficial ejecutivo). Para muchos/as, la palabra "macho", derivada del "machismo", evoca la imagen de un hombre arrogante que domina a las mujeres y las mantiene en su lugar.

Debido al modelo tradicional de género, muchas jóvenes creían que sus opciones eran limitadas y se resignaban a una vida de servidumbre, sin atreverse a asumir el riesgo de vivir una vida diferente. Por suerte eso está cambiando en todo el mundo y muchas mujeres son profesionales exitosas y bien educadas. Sin embargo, aún existen mujeres que cumplen con su rol tradicional de género: cocinan, limpian y están al servicio de los hombres, mientras que otras -como yo- estamos rompiendo el molde. (Ojo: No hay nada malo con querer quedarse en el hogar criando a los niños. Lo que sí me inquieta es ver mujeres que desean progresar y alcanzar su cúpula profesional y no se atreven por los paradígmas culturales de que el rol de la mujer es el de servir a la familia y el café en la oficina).

En mi práctica, me encuentro con muchas mujeres que se sienten culpables por gobernar su destino. Es una pena porque podrían tener una influencia importante en sus familias, en sus comunidades e incluso en el mundo. Hacen falta modelos de comportamiento positivos, confianza en sí mismas, una red de apoyo y una voluntad de asumir riesgos, cosas que muchas mujeres muchas mujeres no poseen o nunca se les enseñó.

No adopté los roles tradicionales; no era parte de mi ADN. Creo que las personas son producto de su medio ambiente y de quienes las influencian y gracias a mis padres y abuelos, marché a mi propio ritmo. Me enseñaron la importancia de ser independiente y de ser capaz de sustentarme financieramente. Mis abuelos, en particular, jugaron un papel importante en la crianza de mi hermana y en la mía, mientras mis padres se establecieron en carreras profesionales prósperas; mi padre como banquero y mi madre como directora de recursos humanos. A pesar de que mis padres trabajaban largas horas en sus profesiones, dedicaron su tiempo libre a mi hermana y a mí, un tiempo que fue de alta calidad.

Así, mientras mis compañeras de clase estaban pensando en sus existencias previsibles, yo estaba soñando en cómo iniciar y ser dueña de un negocio, viajar por todo el mundo y conocer gente interesante que pudiera influenciar mi vida.

Desde mi niñez, siempre he tenido claro cuáles son mis metas y prioridades, y ser una ama de casa confinada al hogar no era una de ellas (cada cual con sus gustos). Mis padres y mis abuelos me enseñaron a poner en práctica lo que decía, de modo que todo lo que hiciera tuviera un objetivo final.

Aunque los amigos y la familia son importantes para mí, me produce una enorme satisfacción el ayudar a otros y hacer avances contínuos en mi carrera como mujer de negocios o empresaria. Mis abuelos me inspiraron a trabajar duro para lograr mis objetivos. Teniendo en cuenta los tiempos, creo que querían prepararme para que yo misma me mantuviera, así en el caso de que me divorciara, pudiera continuar rápidamente sin perder un instante.

Muchas personas no están de acuerdo con mi desición de vida. Incluso ahora, cada semana alguien me pregunta si planeo tener hijos. "Dios nos envía a la tierra para ser madres. . . ¿Cómo te atreves a desafiarlo?", me preguntó una ejecutiva de alto nivel después de ofrecer una conferencia sobre la comunicación (como si el tema de la comunicación tuviera que ver con la maternidad). Los hombres, por lo general, no me preguntan si tengo hijos, pero las mujeres se sienten insultadas cuando se enteran de mi decisión consciente de no procrear. "¿Cómo se siente sacrificar el tener hijos a cambio de una carrera? ¡Los niños son maravillosos! ¡Todavía tienes tiempo, mira a Halle Berry, tuvo su segundo hijo cuando tenía 46 años!"

Mi respuesta es siempre la misma: Hubiera sido un sacrificio para mí no centrarme en desarrollar otras personas y disfrutar de la carrera de mis sueños. Algunas mujeres nacen para ser abogadas, monjas, bailarinas exóticas o lo que sea, aunque les cause problemas. . . Nací para ser justo de la forma que soy y hago lo que me inspira y punto.

LA INCLUSIÓN DE LA MUJER

Me considero una feminista -no una de las llamadas "quema-sostenes" de los años sesenta, pero sí una defensora de promover el balance de género y la igualdad entre hombres y mujeres en los ámbitos del trabajo, la cultura, la educación, la religión y la política. La equidad de género se define como la igualdad de representación medible, o como la inclusión de hombres y mujeres, principalmente en la toma de decisiones a alto nivel.

Las palabras "inclusión" y "diversidad" se usan indistintamente. La mejor definición que he encontrado es de T. Hudson, Director de Global Diversity & Talent Strategies para Pitney Bowes, Inc.:

"Diversidad son todas las maneras en que nos diferenciamos". Nacemos con algunas de estas diferencias y no las podemos cambiar (el origen étnico, el sexo, el color de ojos, etc.). Cualquier cosa que nos haga únicos es parte de esta definición de diversidad".

"La inclusión de la mujer consiste en reunir y aprovechar estos recursos y fuerzas diferentes de una manera que sea beneficiosa. Ésta pone el concepto y la práctica en acción mediante la creación de un ambiente de participación, respeto y conexión, en donde la riqueza de ideas, antecedentes y perspectivas se aprovechan para crear el valor comercial".

La inclusión de las mujeres no es nueva; se remonta a mediados del siglo XIX. Como aficionada a la historia, siempre he sido una apasionada de los derechos de la mujer, llegué a estar completamente absorta en aprender todo lo que pudiera sobre las pioneras y los acontecimientos que provocaron debates y movimientos para hacer avances por la igualdad de las mujeres en los ámbitos sociales, civiles y religiosos.

Démosle una mirada a momentos históricos donde las mujeres cambiaron las reglas del juego y tuvieron un papel decisivo en el movimiento por la igualdad y la inclusión de las mujeres en el ámbito laboral. Admiro profundamente a estas mujeres y trato de emular sus filosofías. Mientras lees, te darás cuenta de que el progreso para lograr la inclusión de las mujeres siempre ha sido muy lento. De hecho, se necesitaron décadas cuesta arriba para que las mujeres llegaran a su estatus actual en las áreas de trabajo, educación y política. . . ¡Y todavía tenemos un largo camino por recorrer!

LA CONVENCIÓN DE SENECA FALLS (1848): AHÍ COMENZÓ TODO

"La degradación de la mujer es la idea que un hombre tiene de sus derechos sexuales. Nuestra religión, leyes, y costumbres, se fundamentan en la creencia de que la mujer fue hecha para el hombre".

-Elizabeth Cady Stanton, pionera de los derechos de las mujeres

---

La Convención de Seneca Falls, que tuvo lugar en Seneca Falls, Nueva York el 19 y 20 de julio de 1848, es reconocida como el primer evento que se centró en los derechos sociales, civiles, religiosos y políticos de las mujeres. Fue tal su impacto que abrió el camino a otras convenciones en todo el país y provocó el inicio del movimiento sufragista de las mujeres. Fue organizado por Elizabeth Cady Stanton, Lucrecia Mott y un puñado de mujeres que eran parte activa de los movimientos de la abolición y el consumo de alcohol.

Elizabeth Stanton y Lucrecia Mott se conocieron inicialmente en la Convención Mundial contra la Esclavitud en Londres en 1840. Elizabeth Stanton asistió al evento con su esposo, mientras que Lucrecia Mott fue enviada como delegada de los Estados Unidos de Norteamérica. Como a las mujeres estadounidenses no les permitieron entrar, ni tener voz activa en el evento, Lucrecia y Elizabeth se conocieron cuando estaban confinadas a una galería de observadores silenciosos. Se hicieron buenas amigas y discutieron la posibilidad de una convención sobre los derechos de la mujer.

Cuando se reencontraron en Nueva York ocho años después, decidieron que era hora de planificar una convención para discutir públicamente los derechos de la mujer, y organizaron un evento cinco días más tarde. Lo promocionaron de boca en boca y lo anunciaron en el periódico local. Esto causó un gran revuelo en los medios de comunicación del momento.

La convención tuvo seis sesiones sobre leyes, presentación de comedia y discusiones sobre el papel de la mujer en la sociedad. Esto marcó una transformación positiva de la mujer en la sociedad en los Estados Unidos de Norteamérica y en otros países. El esposo de Lucrecia, James Mott, presidió el acto porque las organizadoras pensaron que no era "apropiado" que las mujeres lo hicieran.

Elizabeth Stanton escribió un documento llamado la Declaración de Derechos y Sentimientos que las asistentes debatieron y firmaron. Ella tomó como base la Declaración de Independencia de los EE.UU. y enumeró 18 reclamos y 11 resoluciones, por ejemplo los derechos de propiedad y unas leyes de divorcio más liberales, que se convertirían en parte de un movimiento para que a las mujeres se les reconociera como miembros igualitarios de la sociedad. Uno de los temas más apasionantes y polémicos fue el derecho de la mujer al voto, lo que daría a las mujeres completa igualdad con los hombres. Al final de la convención, más de 100 de los 300 asistentes firmaron la declaración.

La prensa ridiculizó y criticó la convención, pero a Elizabeth no le importó, después de todo, cualquier publicidad era buena. Los derechos de las mujeres y los movimientos sufragistas ganaron la atención nacional. La enmienda décimonovena (19) que consistía en otorgar a las mujeres el derecho al voto se introdujo en 1878 y, finalmente, se ratificó el 18 de agosto de 1920. 42 años después de que se introdujera por primera vez la enmienda y 72 años después de la Convención de Seneca Falls. Aún más apremiante es el hecho de que el Día de la Igualdad de las Mujeres se celebrara el 26 de agosto, para mostrar su apoyo a las mujeres trabajadoras que han hecho avanzar la equidad de género. ¿Por qué tomó tanto tiempo?

¿Sabías que aunque el 47% de la fuerza laboral de los EE.UU. está compuesta por mujeres, menos del 20% ocupa cargos en la alta gerencia y alrededor de un tercio de las mujeres han denunciado haber experimentado discriminación de género en el lugar de trabajo? Incluso en el 2016 - casi 100 años después de conseguir el derecho al voto, las mujeres todavía están tratando de descifrar el código del club de los hombres.

EL BOICOT A LOS AUTOBUSES DE MONTGOMERY (1955): CÓMO ADOPTAR UNA POSTURA CONTRA LA DISCRIMINACIÓN RACIAL

"La gente siempre dice que no le di mi asiento porque estaba cansada, pero eso no es cierto. . . No, de lo único que estaba cansada era de tener que cederlo".

-Rosa Louise McCauley Parks, activista por los derechos a la igualdad.

En 1955, Rosa Parks, una afroamericana, asumió una postura pública para apoyar la inclusión racial en Montgomery, Alabama, cuando se negó a ceder su asiento a un hombre blanco en un autobús. Obtuvo el título de "madre del movimiento de derechos civiles", irónicamente, ella insistió en permanecer sentada para levantarse por sus derechos.

Parks nació en Tuskegee, Alabama, en 1913 y su nombre de soltera era Rosa Louise McCauley. Sus padres nacieron antes de que se aboliera la esclavitud en los Estados Unidos de Norteamérica. La madre de Rosa, una maestra de escuela, la educó en casa hasta los 11 años, y luego Rosa se matriculó en una escuela sólo para afroamericanas. Limpiaba los baños de la escuela para pagar su matrícula, pero se retiró a los 15 años para cuidar a su madre enferma. En 1932, Rosa conoció y se casó con el barbero, Raymond Parks. Se ganaba el sustento como costurera y ama de llaves. En ese mismo año, su marido la apoyó en sus objetivos de volver a la escuela y obtener su diploma de la secundaria.

Los Parks se dieron cuenta que los afroamericanos no tenían las mismas oportunidades que los blancos en vivienda, educación, empleo, votación y transporte, lo que los motivó a estar muy involucrados en la Asociación Nacional para el Progreso de la Gente de Color (NAACP), cuya misión era abolir los prejuicios y la discriminación de las minorías. Rosa fue elegida secretaria de la NAACP en 1943.

Alabama, como la mayoría de los estados del sur, era muy segregacionista, tenían áreas restringidas para los afroamericanos, incluso baños separados, fuentes de agua potable, ascensores y la disposición de los asientos, se debían sentar en la parte trasera del autobús. Tenían que pagar en la parte delantera del autobús, y luego bajar y abordar por la parte trasera. Las cuatro primeras filas estaban destinadas sólo para los blancos, pero, por lo general, los asientos estaban vacíos porque la mayoría de los blancos poseían autos y no montaban en autobús. Incluso si la parte trasera del autobús estaba llena, los afroamericanos tenían prohibido ocupar los asientos de la parte del frente.

A finales de 1943, Rosa venía del trabajo camino a casa, subió al autobús y pagó al conductor. Él le dio instrucciones de bajar y volver a subir por la puerta trasera. Ella se negó a cumplir con su solicitud porque ya estaba adentro y agotada por un día de duro trabajo. El conductor la agarró del brazo y la sacó del autobús.

Doce años más tarde, el 1 de diciembre de 1955, Rosa abordó un autobús conducido por James Blake, el mismo conductor que la había sacado del autobús en 1943. Rosa se sentó en la primera fila de la sección afroamericana. El autobús hizo un par de paradas donde algunos blancos abordaron. La sección blanca se llenó, había un hombre blanco que estaba de pié en el pasillo. El conductor del autobús le exigió a Rosa que le cediera su asiento. Cansada de la discriminación, Rosa se negó. El conductor amenazó con hacer que la detuvieran.

La noticia de su detención se extendió rápidamente. El Rev. Dr. Martin Luther King, Jr. convenció a la comunidad afroamericana de organizar un boicot contra la Empresa de Autobuses de Montgomery, para que cambiaran las leyes segregacionistas del transporte en los autobuses. Durante el boicot, los afroamericanos caminaron o utilizaron otro tipo de transporte para llegar a sus destinos, en lugar de viajar en autobús. El 5 de diciembre de 1955, Rosa Parks fue encontrada culpable y multada por alteración del orden público. El boicot duró 381 días y le costó a la compañías de autobuses miles de dólares.

MARGARET THATCHER (1925-2013): UN MODELO QUE COMBINÓ EL MATRIMONIO Y LA CARRERA

"Si quieres que se diga algo, pídeselo a un hombre. Si quieres que se haga algo, pídeselo a una mujer".

-Margaret Thatcher, ex Primera Ministro del Reino Unido

Margaret Thatcher fue una de las políticas más influyentes del siglo XX. Luchó por abrirse camino en el Parlamento y rompió el molde de la política al convertirse en la primera mujer en ser Primer Ministro del Reino Unido. Ganó una merecida reputación como mujer sensata, sumamente independiente y con una fuerte personalidad.

Thatcher estudió química en la Universidad de Oxford, Inglaterra, y pasó un año trabajando en el laboratorio bajo las órdenes de la científica Dorothy Crowfoot Hodgkin, quien más tarde ganaría un premio Nobel. Luego, Margaret se enfocó en la política, en la que brilló. Thatcher desafió tanto a tradicionalistas como a feministas al recorrer su propio camino, independientemente de las críticas públicas de ser un hueso duro de roer. La asertividad tiende a ser un rasgo positivo cuando se asocia con los hombres, pero negativo cuando se describe a las mujeres.

La "Dama de Hierro", como se le conoció, se enfrentó a los prejuicios a los que muchas mujeres "fuertes" se enfrentan en los negocios. Ella mencionó que: "El término 'la carrera de la mujer' ha llegado a entenderse, por desgracia, como la una mujer dura 'desprovista de todas las características femeninas". ¡Cuán cierto!

Aunque Thatcher no se centró específicamente en los temas de la mujer, apoyó el derecho al aborto, se pronunció a favor de mujeres que se unen al sacerdocio, y motivó en forma contundente a las mujeres a combinar el matrimonio y la carrera. En febrero de 1952, escribió un artículo famoso, "¡Mujeres, Despierten!", para inspirar a las mujeres a luchar por el éxito fuera del hogar. Ella observó que muchas mujeres interrumpen sus carreras al poco tiempo de casarse, pero es posible seguir trabajando después de que los niños nacen. Lo que estimula la mente y proporciona contacto con el mundo exterior.

Mientras se desempeñaba como Primera Ministra, hizo reformas radicales en los sindicatos, derrotó a los mineros en huelga, ganó una guerra en las Malvinas y ayudó a asegurar el colapso de la Unión Soviética. De hecho, era muy estratégica en el manejo del poder, por eso dijo con sarcasmo: "El poder es como el hecho de ser una dama; si tienes que decirle a la gente que lo eres, no lo eres".

MALALA YOUSAFZAI:
LA LUCHA POR EL DERECHO DE LAS MUJERES
A LA EDUCACIÓN

"No quiero que me recuerden como la niña que recibió un disparo. Quiero que me recuerden como la niña que se levantó."

-Malala Yousafzai, activista de la educación femenina

Malala Yousafzai, nació el 12 de julio de 1997, es una activista en pro de la educación femenina del valle de Swat, en Pakistán, y la más joven en recibir el Premio Nobel. Cuando era sólo una preadolescente, atrajo la atención mundial por los blogs sobre su lucha para asistir a la escuela bajo la ocupación Talibán. Al año siguiente, el New York Times filmó un documental sobre su vida. Se convirtió en un símbolo por abogar por la educación de las mujeres, algo no bien visto por los Talibanes.

El 9 de octubre de 2013, Malala iba en un bus escolar lleno de colegialas del distrito de Swat. Un hombre armado detuvo el autobús, preguntó por ella y le disparó tres veces. Una bala le dio en la frente, atravesó la piel de la cara, y se alojó en su hombro.

Malala estuvo inconsciente y en estado crítico durante varios días después del ataque y luego fue trasladada a un hospital en Inglaterra para su rehabilitación. Incluso después de que un grupo de 50 clérigos islámicos de Pakistán emitiera tres días más tarde una orden contra quienes trataron de matarla, los Talibanes reiteraron su intención de matar a Malala y a su padre. El intento de asesinato provocó una avalancha nacional e internacional de apoyo a ella.

La revista Time incluyó a Malala como una de "Las 100 personas más influyentes del mundo" en sus publicaciones del 2012, 2013 y 2014. También ganó el primer Premio Nacional de la Juventud por la Paz de Pakistán, habló en las Naciones Unidas para pedir el acceso mundial a la educación, y recibió muchos premios y títulos honoríficos por su lucha en pro de los derechos de las mujeres y los niños. En 2014, Malala, quien sólo tenía 17 años de edad, fue ganadora del Premio Nobel de la Paz conjuntamente con Kailash Satyarthi, otro activista quien ha luchado por el derecho de los niños a la educación.

El activista sudafricano Desmond Tutu presentó a Malala como candidata para el Premio Internacional de la Paz para la Infancia. La decisión de ella para enfrentarse al régimen de terror de los Talibanes en Pakistán inició un movimiento mundial y dio voz a las mujeres y niñas de todo el mundo que luchan por la igualdad de derechos y oportunidades.

"Nunca me he subestimado. Y nunca vi nada malo en la ambición".

-Angela Merkel, Canciller de Alemania

La revista Time colocó en su portada a la canciller alemana, Angela Merkel, como el personaje del año 2015, un título que se le otorga a la persona que más haya influido en los acontecimientos del año, para bien o para mal. Merkel es la primera mujer en recibir este título en 29 años debido a que la designación tiende a favorecer a las personas con poder institucional, que en la mayoría de los casos son hombres.

Los otros siete finalistas fueron: los activistas de Las Vidas Negras Importan (BLM); el líder de ISIS Abu Bakr al-Baghdadi; la estrella transgénero de la televisión Caitlyn Jenner; el Director Ejecutivo de Uber, Travis Kalanick; el presidente ruso, Vladimir Putin; el presidente de Irán, Hassan Rouhani y el empresario-estrella de televisión y candidato republicano a la presidencia, Donald Trump.

Merkel manejó una gran variedad de temas críticos en el 2015, incluyendo la crisis económica de la UE ligada a la crisis de la deuda griega, varios atentados mortales y la crisis migratoria hacia Europa proveniente del Oriente Medio y de África. Alemania abrió el camino para acoger a los emigrantes, comprometiéndose a aceptar 800.000 en el 2015 (más que cualquier otro país europeo).

¿ES ESTE UN MUNDO PARA HOMBRES?

He centrado mi atención en estas mujeres asombrosas y en sus grandes logros en la promoción de la igualdad de las mujeres en diferentes ámbitos, porque también ellas se encontraron con la resistencia y el subterfugio al tratar de descifrar el código del club de los varones. A pesar de que mis esfuerzos están en una escala más pequeña, no por eso son menos importantes. Puedo tener afinidad con la época, la energía, la pasión y la frustración experimentada por estas mujeres que han luchado para alcanzar sus objetivos profesionales y que han abogado por la inclusión de las mujeres.

Me presenté en el 2015 como candidata para la presidencia de una organización de Puerto Rico dominada por hombres. En realidad, es conocida como la quintaesencia de un club para hombres en Puerto Rico. Esta poderosa organización es un ejemplo de lo que es un club para varones, sólo dos mujeres han ocupado la presidencia en 102 años. Como miembro de la junta directiva durante tres años, sentía que era fundamental para cambiar el curso de la organización, y creía firmemente que yo era la líder para hacerlo.

En este libro relato mis experiencias en el club de los varones y mi camino hacia la presidencia de una organización empresarial centenaria. Acepté postularme a pesar de que algunos, desde los medios de comunicación, hasta los miembros y directores de la organización dijeron que el club de los varones no me aceptaría. Mediante la implementación de todos los conocimientos que adquirí como ejecutiva, empresaria y como propulsora de la inclusión, he aprendido valiosas lecciones de mi experiencia de estar a la altura del club de los varones, en una organización y un mundo empresarial tradicionalmente dominado por el sexo masculina.

¿Cuáles fueron las características de la oposición?

¿Cuál fue el resultado?

¿Qué aprendí?

¿Tiene una que verse como uno de los varones?

¿Tiene que jugar rudo como lo hacen ellos?

¿Cómo se puede aplicar esta información a los negocios?

Estas son algunas de las lecciones y experiencias que voy a compartir contigo. Aunque hay muchos clubes de varones en todos los sectores de negocios, educación, religión y política, además de las mujeres que les apoyan, quiero hacer hincapié en que algunas personas sí creen que las mujeres son cruciales para el desarrollo de un país, una comunidad, un negocio y una familia.

Por encima de todo, en el mundo de los negocios las mujeres no tienen que comportarse ni comunicarse como hombres, sino como personas de negocios. Estoy consciente de que el tema de la inclusión de la mujer no será de interés para aquellos que tienen intenciones ocultas o que son complacientes y aceptan el statu quo, otros encontrarán la información enriquecedora. Espero que te inspire para que te unas a mi apoyo constante para romper el molde y así ayudar a que las mujeres tengan y demuestren su gran influencia en los resultados financieros de toda organización.

DEFINE TU PROXIMA CÚPULA

CAPÍTULO

02

Mis padres y abuelos me criaron para ser extremadamente independiente y dispuesta a asumir riesgos para alcanzar mis metas. Cuando era niña, me animaron a establecer y lograr cúpulas personales, por eso pude tener éxito y hacerlo por mi cuenta en la edad adulta, sin la necesidad apremiante de otras personas, principalmente de los hombres.

¿Qué quiero decir con cúpula? De acuerdo con el diccionario Merriam Webster, hay tres definiciones: 1) Pieza arquitectónica en posición vertical, que por lo general termina en una pequeña aguja y se usa sobre todo en las construcciones góticas para dar peso a un contrafuerte; 2) Una estructura o formación que sugiere una cúpula; específicamente, un pico elevado; y 3) **El punto más alto del desarrollo o logro.**

Para propósitos de este libro, cúpula significa "lograr el punto más alto", obtener las mejores calificaciones, ahorrar dinero para comprar algo especial, la consecución de un objetivo profesional, la preparación para la jubilación, la construcción de un fondo para la universidad de los hijos, o la creación de su propia empresa para servir su comunidad o el mundo. En mis primeros años, mis cúpulas eran artículos tangibles, como la compra de un bolso de diseño, una joya o ropa de moda, como lo ilustra la siguiente anécdota.

Actual Louis Vuitton, circa 1984.

EN LA BÚSQUEDA DE LOUIS VUITTON

Cuando tenía 14 años, unos amigos de la familia me dieron la oportunidad de trabajar en su boutique, en un exclusivo centro comercial. Sin pensarlo dos veces grité: "¡Sí!". Trabajaba como vendedora desde el amanecer hasta el anochecer durante el verano y las vacaciones de Navidad. Cuando no había mucho movimiento, insistía en la reorganización del almacén y en hacer cosas que no me habían pedido. Siempre quise brillar demostrando mi valor y superando a otros. En aquel entonces, mi sueldo era de $3.35 por hora.

Al igual que otras adolescentes, quería cosas que estuvieran de moda. Muchas de mis amigas tenían un bolso Louis Vuitton y, por supuesto, no quería quedarme atrás. Un día, la oportunidad llamó a mi puerta. Los dueños de la tienda se iban de vacaciones a París, y yo de forma audaz les pedí que me trajeran un bolso de Louis Vuitton. "Les prometo que les pagaré en cuotas semanales".

Recuerdo la sensación de euforia cuando regresaron de su viaje y me lo entregaron: un Speedy de $265, el modelo de mis sueños. De hecho, era una fortuna para una adolescente en los 80. Experimenté la misma emoción de una niña de siete años que se sienta bajo el árbol de Navidad, ansiosa por abrir los regalos que le trajo Santa Claus empacados en bellos colores. Estaba muy orgullosa de mi bolso y no podía esperar para lucirlo.

Un día, invité a mis amigas a casa para una fiesta en la piscina. Como es habitual, las chicas dejaron sus pertenencias y bolsos en mi habitación mientras nadábamos y tomábamos el sol. Agarré a una amiga y nos escabullimos del grupo para curiosear los bolsos que habían dejado en mi habitación. Para mi sorpresa, descubrí que todos eran falsos, a excepción del bolso de una de mis amigas. El suyo era la más grande y el más caro. Sin embargo, ella no lo había pagado. . . era un regalo de su tío.

¿Saben qué? Estaba muy orgullosa de haber pagado los $265 de mi propio bolsillo. Me sentí realizada por haber sido capaz de lograr esa cúpula personal.

Era una meta muy alta para una adolescente. A medida que maduraba adquirí más educación y experiencias de vida, intercambié las cúpulas personales por las cúpulas profesionales: moverme hasta una posición codiciada en una organización empresarial, recibir un premio, ser reconocida por mis conocimientos y experiencia, ganar un salario más alto y convertirme en propietaria de una empresa.

De hecho, puse mis ojos en la presidencia de una influyente organización de negocios con más de 100 años de existencia que sólo ha tenido dos mujeres como presidentas; fue una cúpula monumental que requirió una planificación estratégica, trabajo sólido, experiencias vitales y las herramientas y los recursos adecuados.

Desde mis días como ejecutiva hasta hoy como empresaria, he usado mi propia guía para identificar la próxima cúpula profesional. Me hago cuatro preguntas sencillas:

¿En dónde estoy?

¿Cómo llegué aquí?

¿Qué acciones me permitieron lograr alcanzar diferentes cúpulas?

¿Cuáles acciones me retrasaron?

(Se honesta contigo cuando respondas estas preguntas. Después de todo, esta información es sólo para tus ojos).

DETENTE: Imprime la página siguiente y guárdala para el siguiente paso del proceso.

Aceleradores Áreas en las que sobresale	Desaceleradores Áreas de oportunidad
1	
2	
3	
4	
5	
6	
7	
8	
9	
10	

ROMPE EL MOLDE

Ir a la páginas 44-45 para encontrar el significado y las acciones para cada cuadro.

CÚPULA	CARGO	EMPRESA	DÓNDE

ACCIONES	TRES PASOS CRUCIALES	TRES RIESGOS ESTRATÉGICOS	SACRIFICIOS
	1.	1.	
	2.	2.	
	3.	3.	

ABRE PUERTAS	TRES FORTALEZAS CRUCIALES	TRES OPORTUNIDADES PERSONALES	TRES OPORTUNIDADES EXTERNAS
	1.	1.	1.
	2.	2.	2.
	3.	3.	3.

MITIGADORES	EQUIPO DE APOYO PERSONAL	FUENTES DE CONOCIMIENTO	GUÍA ESPIRITUAL

FRANCES RIOS

CUÁNDO	SALARIO	RECONOCIMIENTO PERSONAL

MARGEN DE TIEMPO	INDICADORES CLAVE	RECONOCIMIENTO PERSONAL

TRES SOCIOS/AS DE RESPONSABILIDAD	TRES MENTORES	MARCADORES (HITOS)
1.	1.	
2.	2.	
3.	3.	

ENTRENADOR FÍSICO	PASATIEMPOS	TE AYUDARÁN A...

CÚPULA

Cargo
La siguiente posición que deseas lograr. La compañía que deseas crear.

Empresa
¿En qué empresa deseas laborar? ¿Cuál es el sector de tu futura empresa?

Dónde
¿A qué mercado o país deseas ir a laborar? ¿Dónde deseas establecer tu empresa?

Cuándo
¿Cuándo deseas alcanzar los objetivos anteriores?

Salario
¿Cuáles deseas sean tus ventas o salario?

Reconocimiento personal
Elije algo que te haga decir: "¡Lo logré!". Tiene que ser algo significativo como un reloj, joyas, unas vacaciones, el pago la matrícula de tus hijos o donaciones benéficas.

ACCIONES

Tres pasos cruciales
Elije los pasos o acciones que tengan impacto y te ayuden a acelerar tus metas.

Tres riesgos estratégicos
Has movimientos audaces que te permitan abrir, crecer o ampliar tu nego-cio. Piensa en asumir un proyecto especial que produzca un impacto im-portante en la rentabilidad de tu empresa. Evalúa el trasladarte a un de-partamento o a un mercado diferente. Entre más redondeada sea tu ex-priencia, más fácil llegarás a tu cúpula profesional.

Sacrificios
El balance perfecto no existe. Hay asuntos en los que tienes que cancelar, posponer o bajarle al tono. ¿Cuáles son?

Margen de tiempo
¿En cuánto tiempo esperas tomar las medidas anteriores?

Indicadores Clave
Identifica los marcadores que demostrarán estatus y éxito.

Reconocimiento Personal
Elije algo que te haga decir: "¡Lo logré!" Tiene que ser algo significativo como un reloj, una joya, unas vacaciones, el pago de la matrícula de sus hijos, o donaciones benéficas

ABRE-PUERTAS

Tres fortalezas cruciales
Identifica tus aceleradores y elije cuáles te permitirán avanzar más rápido hacia tu destino.

Tres oportunidades personales
Comprueba tus desaceleradores e identifica a quiénes vas a contratar o subcontratar, para que te ayuden a maximizar tus esfuerzos, con el fin de llevarlos de oportunidades a fortalezas.

Tres oportunidades externas

Al igual que lo harías para un análisis FODA (Fortalezas, oportunidades, debilidades y amenazas), identifica los factores externos que podrían retrasarte, como la economía, la política, los competidores, las leyes, etc.

Tres socios/as de responsabilidad

"Lo que no se puede medir, no mejora" es un dicho común que implica que si quieres saber a qué distancia estás de la meta, es necesario medir y elegir socios/as de responsabilidad, que sea su responsabilidad medir tus resultados.

Tres Mentores

Ellos actúan como aceleradores mediante la apertura de puertas, te dan una perspectiva diferente y comparten sus experiencias contigo.

Marcadores (Hitos)

Identifica y visualiza el resultado de los puntos anteriores y el impacto que tendrán en tu camino.

MITIGADORES

Estas son las personas clave que te apoyarán. ¡Nadie puede hacerlo todo! El apoyo es necesario. ¡Es humano! Has una lista de aquellas personas cer-canas que te puedan ayudar a hacer malabares; por ejemplo, tu cónyuge, tu padre, una amiga cercana, o una compañera. ¡Has un plan en el cual todos participen y ganen!

Fuentes de conocimiento

No importa si es a través de Coursera, un programa de desarrollo a distancia, o un curso de tejer, ponte a prueba constantemente para aumentar tu creatividad.

Guía espiritual

Ya sea que profeses una religión o sigas un camino espiritual, encuentra alguien que tenga empatía contigo y te ayude a encontrar la paz interior y la serenidad, para que puedas ponerte en sintonía contigo misma.

Entrenador físico

Incluso los entrenadores personales necesitan a alguien que los entrene. ¡Encuentra un entrenador o un compañero/a confiable que te motive, que te estimule... como hago yo. Ya sabes, esto te recargará de energía que el trabajo y otros factores te reducen.

Pasatiempos

¡Consigue volver a los viejos buenos tiempos! Darte un breve respiro, una escapada de fin de semana, salir a cenar, participar en una actividad físi-ca, leer un libro o ver un programa de comedia que te permita desconec-tarte de los pensamientos relacionados con el trabajo.

Te ayudarán a...

Identifica y visualiza cómo los litigadores te ayudarán y añadirán valor a tu vida personal y a todo tu plan.

45

¡LÁNZATE!

CAPÍTULO
03

La intuición es un recurso poderoso y las mujeres la tienen en abundancia. De acuerdo con un estudio realizado por el British Journal of Psychology, la intuición tiene lugar cuando el cerebro aplica experiencias pasadas a situaciones externas para tomar una decisión. Esa reacción se lleva a cabo a un nivel inconsciente. Es como cuando tu misma te dices: "No sé la razón por la que no quiero hacerlo, pero algo me dice que no lo haga."

Los estudios indican que la intuición de la mujer es un sexto sentido. Durante épocas pasadas, cuando a las mujeres se les "veía pero no se les escuchaba", ellas desarrollaron un sentido agudo de la observación, llegando a estar más en consonancia con sus propios sentimientos y con las señales no verbales de los demás. Algunas personas no creen en la intuición, pero los científicos dicen que es una habilidad que puede identificarse en experimentos de laboratorio y puede verse en los escáneres cerebrales.

La intuición es la ventaja competitiva de una mujer; escúchala y has que funcione para ti. Desde muy joven, he seguido mis instintos en todas las situaciones de la vida, tal como lo ilustra la siguiente historia.

ENFRENTANDO UN ACOSADOR EN LA UNIVERSIDAD

Era mi último semestre de periodismo en la Universidad de Loyola en Nueva Orleans. Mi compinche era Erol, un compañero de la clase de periodismo televisivo. Un día fuimos a entrevistar al presidente de una universidad cercana. Erol me dejó frente a la biblioteca del campus con cinco cajas de equipos de grabación, y luego se fue a estacionar su auto.

Era mediodía y el campus estaba lleno de estudiantes que salían de los salones corriendo a almorzar antes de su próxima clase. Una estudiante bajita pasó junto a mí corriendo en dirección a la biblioteca. Un estudiante -varón- iba detrás de ella persiguiéndola. Cuando ya estaba pisándole los talones, al llegar a las escaleras, se lanzó y la agarró por detrás, la levantó como una pluma, y la tiró al suelo con rabia. Continuó agarrándola y tirándola contra el suelo una y otra vez.

¡No podía creer lo que estaba viendo! Mi cara se enrojeció y mi corazón comenzó a palpitar dentro de mi pecho. No podía permitir que ese comportamiento aberrante continuara. Tenía que intervenir inmediatamente antes de que la mujer sufriera daños graves. Pero ¿qué podía hacer? Sólo mido 1,57 metros y este hombre era un animal musculoso que medía al menos 1.80 metros. Si lo agarraba, era probable que también me tirara al piso como una muñeca de trapo.

Sin pensar, lo halé de la camisa y lo aparté de ella, mientras yo maldecía en español e inglés a todo pulmón. Por desgracia, mis gritos cayeron en oídos sordos. La gente caminaba frente a nosotros como un rebaño de ovejas, negándose a mirar en nuestra dirección. Incluso ahora, me pregunto cómo la gente puede ignorar la violencia y la injusticia, con tal de no verse involucrados.

De repente, el agresor y yo nos detuvimos de sopetón y nos miramos a los ojos. Percibí su deseo de empujarme con fuerza, pero en lugar de hacerlo huyó del lugar. Di un suspiro de alivio y volví mi atención a la muchacha herida que yacía en el suelo, la sangre salía de su cabeza. Traté de consolarla hasta que llegara ayuda.

Finalmente, un guardia de seguridad del campus se acercó y me preguntó qué había pasado. Mientras yo acunaba a la muchacha como un bebé, le conté al guardia el incidente y describí al atacante. Él pidió apoyo y, en cuestión de minutos, detuvieron al agresor. Lo agarraron y lo trajeron en la parte trasera de un auto para que yo lo identificara. A través de la ventanilla del coche, lo vi gritando y haciéndome gestos amenazantes con sus manos.

Al igual que en las películas, mi amigo Erol apareció después que la conmoción había terminado. Estaba consternado al ver la escena del crimen, e inmediatamente comenzó a regañarme por ponerme en riesgo. Pero, ¿qué puedo decir? Simplemente actué por instinto. Desde que era una niña, he sentido un interés especial de ayudar a los demás y mis instintos, como en muchas ocasiones, dictan mis acciones. Como adulta, continúo siguiendo mis instintos, tanto profesionales como personales.

A lo largo de tu vida, te encontrarás con situaciones y personas que te harán dudar y cuestionarte. Es difícil discernir a quién escuchar, a quién ignorar y qué decisión tomar. Como uno de mis mentores me enseñó: "Cuando haya que hacer las cosas, sólo hazlas. Punto. Evalúa el impacto del riesgo y, entonces, decide."

Dicen que los problemas vienen envueltos en regalos que nos enseñan lecciones. De cada situación, emerge una lección de vida que no tiene sentido en el momento, pero con el tiempo verás claramente cómo se puede aplicar a la situación que se te presente.

He actuado por instinto muchas veces desde el incidente con el atacante del campus, pero ninguna vez fue tan visible al público como presentarme como candidata a la presidencia de una de las organizaciones más influyentes en mi tierra natal. Porque en esta organización que tiene más de 100 años de existencia, sólo dos mujeres la han presidido, así que sabía que el camino que tenía por delante sería arduo.

Antes de tomar la decisión de postularme, acepté el hecho de que no podía cambiar las mentes de quienes me tenían aversión porque yo no encajaba en su modelo tradicional, pero yo no tenía nada que perder y sí mucho que ganar y compartir. Me preparé para una batalla armándome con todas las herramientas que demostraran que practico lo que predico, que soy capaz de alcanzar mis metas, impactar la vida de otras mujeres e inspirarlas a jugarse el todo por el todo.

Sigue tus instintos al elegir tu cúpula profesional, y evalúa el impacto que tendrá en ti y en quienes te rodean. No te dudes; establece una meta hoy e identifica los pasos que te impulsarán para lograrla.

ARRIÉSGATE

Navego en Internet todos los días para mantenerme al día sobre tendencias de negocio globales y un día, por curiosidad, hice una búsqueda de imágenes de "personas de negocio que asumen riesgos". Los resultados mostraron numerosas fotos, la mayoría de hombres: Donald Trump, Bill Gates, Vladimir Putin, y Richard Branson. Entre el mar de imágenes sólo había dos fotos de empresarias: Oprah Winfrey y Martha Stewart. Los resultados me decepcionaron, pero me confirmaron que no hay suficientes modelos femeninos a altos niveles en las empresas y en el gobierno. También me sentí inspirada a hacer caso omiso de la complacencia, a ser más arriesgada y a establecer cúpulas más ambiciosas.

Para mí, la palabra "riesgo" evoca la imagen de un salmón nadando río arriba para desovar. En la película *La Pesca del Salmón en Yemen*, un experto en pesca está a cargo de crear las condiciones ambientales ideales para llevar al desierto el deporte de la pesca de salmón con ansuelo. Al principio, ve el proyecto sin sentido e inalcanzable, pero se compromete a embarcarse en un viaje de fe a contracorriente, para demostrar que lo imposible es posible.

Tienes que ser muy clara acerca de tus objetivos, ya que la corriente te empujará en todas las direcciones. Llegará el momento en que te sientas agobiada, vas a experimentar visión borrosa y falta de energía. Es entonces cuando te preguntarás si vale la pena el riesgo y el sacrificio. La respuesta que escuché de Ginni Rometty, principal oficial ejecutiva de IBM en una entrevista, resuena en mi mente: "Las palabras crecimiento y comodidad no pueden coexistir".

Para crecer profesionalmente, comienza por hacer cosas críticas. Por ejemplo, hablar en público y contar historias son habilidades esenciales para todo líder. Si tienes miedo a hablar en público, comienza en tu iglesia o en una reunión de colegas. Si eres propietaria de un negocio, explora la expansión mundial o convertir tu negocio en una entidad de propiedad pública.

Escoge a una persona para que se convierta en tu socio/a de responsabilidad para darte seguimiento a las acciones que estás tomando y arriesgarte a nadar contra la corriente. Ya sea a pasos pequeños o agigantados, tarde o temprano alcanzarás tu meta si trabajas en ello todos los días. El salir de tu zona de comodidad te conducirá al crecimiento, y podrás, incluso, llegar a ser un elemento de cambio que rompa el molde tradicional de hacer negocios.

———

TOMA
CONTROL

CAPÍTULO

04

ROMPE EL MOLDE

Culpar a otros por situaciones en tu vida y en tu carrera es la forma más fácil de quitarte de encima tu responsabilidad. No busques chivos expiatorios cuando no puedas alcanzar tus cúpulas de forma rápida y sencilla. El éxito requiere de tiempo y esfuerzo. Si encuentras piedras en tu camino, es porque estás avanzando. He aprendido a la fuerza que es necesario tener el control total del timón de la vida y no delegarla a recursos humanos, a relaciones públicas, a mi jefe, a un mentor, al esposo u otros miembros de la familia, como lo ilustra la siguiente historia.

¡APUESTA A TI HASTA EL FINAL!

Mientras escribía este libro, revisaba mi historia personal para identificar patrones en mi vida. Recuerdo cuando trabajaba en una empresa internacional, tuve que cancelar un contrato con un medio de comunicación. Había estado intentando comunicarme con ellos durante meses para llegar a un acuerdo y nunca quisieron dialogar conmigo. El cabildero de la empresa trató de hacer todo lo posible para que yo cambiara de opinión. Disuadió al presidente, que era mi jefe, e incluso a los abogados en la oficina central. Obtuvo el control del club de los varones. Todos me amenazaron.

Mi objetivo era claro: tenía que ser estratégica. Sabía que quería ser respetada en el mundo de negocios por los altos directivos del club de los varones que tomaban todas las decisiones. Fui a la oficina de mi jefe con el estómago en la garganta y le entregué mi carta de renuncia. Mirándolo directamente a los ojos, le dije: "Voy a seguir adelante con mi decisión. Tú me contrataste porque soy experta en el tema. Si la cancelación del contrato resulta en una crisis mediática para la empresa, acepta mi renuncia. Si no hay una crisis, me devuelve mi carta de renuncia y me quedaré. Él respondió: "Trato hecho".

Tenía que hacer lo que debía hacer. Después de que el suplidor me amenazó en todas las formas posibles, hablé con medios noticiosos y les expliqué mi decisión de negocio. No pude dormir esa noche. Constantemente encendía la computadora para revisar mis correos electrónicos y los medios en línea, para ver si la noticia era cubierta.

Al día siguiente no se había publicado nada. Llena de coraje y de emoción contuve las lágrimas. Temprano por la mañana, mi jefe entró en mi despacho y cerró la puerta. Me dijo: "La bala rozó tu frente. Aun así, no debería haber dudado de ti. Te contraté por tu determinación y brillantez". Extendió la mano que sostenía mi carta de renuncia, lo que significaba que me quedaría.

Pero yo ya había tomado una decisión, y le dije: "No puedo aceptar la carta de renuncia". Su cara no pudo ocultar la sorpresa. Después de todo, se consideraba mi salvador en ese momento. Continué diciendo: "Sólo recibo esa carta cuando el cabildero y el abogado de la compañía me pidan disculpas por escrito".

Ese día, el abogado de la oficina central me envió un correo electrónico ofreciendo sus disculpas y reconoció mi experiencia en el mercado. El cabildero por el contrario, llamó e insistió que lo había hecho para proteger mi reputación y me aconsejó que tuviera más cuidado la próxima vez. Pensé: "Sí, claro".

Había logrado mi objetivo. Ahora estaba lista para mi próxima cúpula: llegar a ser una empresaria.

ATRÉVETE A PEDIR

Después de años de ser la portavoz de una de las empresas más grandes del mundo decidí que era el momento de asumir el riesgo y poner en marcha mi propio negocio. A pesar de que comencé a ofrecer servicios de relaciones públicas y manejo de crisis, sabía que eso no era lo que quería hacer el resto de mi vida.

Durante semanas, me aislé del resto del mundo, en mi casa a realizar un ejercicio de autoanálisis. Identifiqué en dónde sobresalía; no en lo que era buena sino en lo que sobresalía (Ve a la página 41 para que lleves a cabo tu propia autoevaluación). Luego, evalué cómo podía utilizar mis habilidades para trabajar sin limitaciones geográficas. (Así fue como me convertí en conferenciante internacional.) Entonces, tracé un mapa para visualizar los pasos a seguir para llegar a mi meta, y en el primero estaba pedir ayuda. (Ve a la página 42 para empezar a definir tu próxima cúpula profesional y los pasos para llegar a ella).

PIDE Y RECIBIRÁS… A VECES

El tema de "pedir" tiene connotaciones diferentes según la cultura y el género. Cuando hablo con colegas mujeres, muchas afirman que es un reto para ellas solicitar un puesto, un ascenso o un aumento de salario. De hecho, de acuerdo con las encuestas de Women Who Lead™, el 90% de las mujeres entrevistadas afirmó que "pedir" es extremadamente difícil cuando tiene que ver con ellas personalmente.

En cambio los hombres no tienen ninguna dificultad en pedir lo que quieren en el lugar de trabajo o en entornos sociales. Por ejemplo, cuando una mujer declina la invitación de un hombre para bailar en una discoteca, él persistirá hasta que ella acepte. Sus instintos competitivos lo obligan a seguir intentándo hasta que la convenza.

A LA CONQUISTA DEL ENIGMA DE "PEDIR"

Cuando tomé la decisión de convertirme en conferenciante profesional, identifiqué al mejor conferenciante de habla hispana a nivel internacional: el Dr. Joachim de Posada, que fue uno de los conferenciantes hispanos más influyentes en el mundo. ¡Sus libros están en la lista de los más vendidos, se tradujeron a más de 20 idiomas y dictó conferencias en más de 60 países, a veces en dos idiomas! Tenía su sede en Miami, a sólo un corto vuelo de mi centro de operaciones.

Desde el primer momento en que lo vi ofrecer una conferencia, pude verme reflejada en él. Yo quería ser su versión femenina. En ese momento, una voz dentro de mi cabeza me dijo: "Eso es lo que quiero ser: Alguien que ofrezca conocimiento y que pueda influir en la vida de las personas". Por lo tanto, decidí que el Dr. de Posada era la persona ideal para guiarme en el camino correcto para lograr mi objetivo.

Pasaron tres meses, y no me había atrevido a ponerme en contacto con él. Todos los días me decía, "¿Por qué lo vas a llamar? y me contestaba: "Sabes que su asistente no le va a dar tu mensaje. No estás llamando para contratarlo y para pagarle $25,000 por una conferencia. No sabe quién eres. No tiene tiempo para alguien como yo".

La suerte quiso que tuviera una conversación con una colega que me impulsó a llamarlo. Estábamos hablando de la falta de mujeres en las tarimas. No importa si una industria está dominada por mujeres; la gran mayoría de los contratos para subirse a la tarima, que se considera como el Monte Olimpo, están reservados por lo general para hombres. ¡Nuestra conversación me dio un ímpetu arrollador!

Me pregunté: "¿Por qué las organizaciones no están conscientes del desbalance de género en la contratación de conferenciantes, con la mitad de los espacios para los hombres y la otra mitad para las mujeres? ¿Será que en ese campo no hay mujeres con experiencia que estén calificadas para compartir sus conocimientos? ¡Imposible! Conozco a muchas mujeres de negocios extraordinarias que, como yo, aportan una gran experiencia desde la tarima".

Mi teoría es que debido a que la mayoría de las organizaciones son lideradas por hombres, éstos identifican y seleccionan a conferenciantes que son similares a ellos; es decir, a otros hombres. A menudo, identifican un abanico de opciones en su propio entorno: mientras juegan golf, pescan, en el bar, en los viajes de negocios o en organizaciones profesionales. Mi análisis me incitó a tomar medidas. "¡Tengo un mensaje poderoso para compartir, así que llamaré a Joachim hoy!"

Entonces, me puse en los zapatos de su asistente. ¿Qué podía decirle para convencerla de darle mi mensaje? Había preparado un libreto, me puse perfume para levantarme el ánimo, me paré frente al espejo y marqué el número que aparecía en su página de Internet. El teléfono sonó dos veces, y respondió una voz masculina que dijo, "Habla Joachim de Posada. ¿En qué puedo ayudarle?"

Casi me da un infarto. ¡Era él! ¿Qué debía hacer? Confundida dije: "Lo siento, Dr. de Posada, quiero hablar con su asistente, no con usted. Disculpe". Se echó a reír y, con su acento cubano, respondió: "¡Bueno, mi niña, eso será un problema porque no tengo asistente!"

Rápidamente recobré la compostura y en un segundo revisé mi mensaje. "Dr. de Posada, solamente necesito una reunión de 10 minutos. Si no soy capaz de convencerlo de que me merezco su ayuda para convertirme en una conferenciante profesional como usted, puede levantarse e irse. Vengo del mundo empresarial y tengo la piel dura. Confíe en mí, no me ofenderé si se levanta después de los 10 minutos".

Para mi dicha, a los pocos minutos lo convencí de reunirnos. Una semana más tarde, tomó un avión y se encontró conmigo en el Starbucks que queda cerca de mi apartamento en Condado, la zona turística de San Juan. Cuando entré al lugar, lo reconocí inmediatamente. Estaba sentado en medio del local, vestido con una chaqueta azul marino, que resaltaba sus ojos color turquesa, y la corbata que lucía en la foto de la portada de su libro, **Don't Eat the Marshmallow**. Se fijó en mí y me regaló su contagiosa sonrisa. En cuestión de segundos, el psicólogo salió a flote y empezó a entrevistarme. Inmediatamente me quité el reloj y lo coloqué sobre la mesa, para medir el tiempo.

Estaba bien preparada para presentarle las razones por las que debía trabajar conmigo, y responder a todas sus posibles preguntas y objeciones contestando las seis respuestas básicas de la comunicación: quién, qué, cuándo, dónde, por qué y cómo. ¿Quién soy? ¿Qué quiero? ¿De dónde vengo? ¿Dónde había estudiado? ¿Cómo me había preparado profesionalmente? ¿Por qué debería invertir su tiempo y energías en ayudarme? ¿Cómo utilizaría las lecciones para construir mi negocio como conferenciante? ¿Cómo lo beneficiaría? ¿Cómo yo podría utilizar mi experiencia en comunicaciones corporativas estratégicas para ayudarlo de alguna manera?

Antes de que se acabaran los 10 minutos, me reorganicé mentalmente para decirle: "Me gustaría hacerle una pregunta que es muy importante para mí. ¿Podría ser mi mentor?"

Estaba asustada y me tomó por sorpresa su rápida respuesta: "Sí, voy a ser tu mentor, pero tienes que hacer lo que yo te diga". Y añadió: "Espero verte en la convención anual de la Asociación Nacional de Conferenciantes en San Diego". Sentí pánico, porque la convención era en tres semanas. Yo estaba organizando mi negocio y estaba muy cautelosa con los gastos.

Durante nuestra reunión, tomé una de las decisiones más importantes de mi carrera porque sé que la gente exitosa se atreve a hacer lo que otros no hacen. Usé mis millas de premio para reservar un boleto aéreo en lugar de pagar $1,200 de mi bolsillo, reservé una habitación en un hotel más económico (el hotel de la convención era demasiado costoso para mí, $250 por noche), y pagué la cuota de inscripción a la convención ($900, más las comidas). Fue la mejor decisión que he tomado –descubrí un mundo que nunca había visto ni imaginado.

Durante cinco años, el Dr. de Posada y yo continuamos asistiendo a la convención, él como mentor y yo como la estudiante. Años más tarde se llevó a cabo nuevamente la convención en San Diego y entramos juntos al hotel de la convención, sólo que esta vez yo me había convertido en una conferenciante profesional que podría asumir todos los gastos relacionados sin titubear.

Asumir el riesgo de pedirle a Joachim de Posada que fuera mi mentor ayudó a acelerar mi éxito mediante la apertura de puertas y el hecho de compartir conmigo historias personales y sabios consejos. A través de él, las puertas que me abrió y sus sugerencias, aceleré mi camino hacia mi cúpula profesional de convertirme en una conferenciante profesional. Ya estaba lista para la siguiente cúpula.

REVISA
TU CONSOLA
DE SONIDO

CAPÍTULO

05

Probando 1, 2, 3. Utilizo la consola de sonido para evaluar y reevaluar mis prioridades. Hago una lista de todos los aspectos importantes de mi vida (la carrera, la familia, la salud, etc.) y le asigno a cada uno de ellos un valor de importancia. Este valor puede ser la cantidad de tiempo o dinero que le dedico a cada uno. La lista es muy útil cuando estoy tratando de alcanzar cúpulas personales y profesionales. Para algunas personas, sus metas personales tienen prioridad sobre las profesionales, o viceversa, y eso está bien. Sólo tú tienes el poder de identificar las cúpulas que tienen la máxima prioridad en tu vida, como lo ilustran las siguientes historias.

PARA LOS GUSTOS LOS COLORES

Con el fin de ayudar a ejecutivo/as de alto nivel a lograr que sus mensajes impacten y produzcan excelentes resultados, ofrezco el adiestramiento El Factor Pega™. En uno de mis talleres tuve el privilegio de relacionarme con una ejecutiva que posee grandes habilidades de comunicación e influencia. Al final del taller, la llevé a un lado y con entusiasmo le dije: "Tú eres excelente, le diré a tu jefe que eres la persona ideal para ser su sucesora". Abrió los ojos, dio un paso hacia atrás, y dijo: "Por favor, no me recomiende a mi jefe como su sucesora. ¡No estoy interesada!

"Creyendo que yo tenía la razón, me negué a escucharla e insistí: "¡Si quisieras, con tu talento y conocimientos, podrías llegar a ser la presidenta de la compañía!"

Me interrumpió y me dijo: "Frances, no estoy interesada en llegar tan alto; Estoy bien donde estoy. Esas posiciones exigen que sacrifique mi tranquilidad y que renuncie a pasar tiempo con mi esposo y mis hijos. No es para mí. Ya he llegado a mi meta profesional". Ella había identificado claramente, como ajustar la intensidad de su consola de sonido personal™.

Le pregunté si su jefe estaba al tanto de sus planes profesionales. Me confesó que no los había compartido con él, pero que lo traería a su atención para no crear falsas expectativas. Y lo dejé allí. Aunque no estoy de acuerdo con ella por no aprovechar al máximo sus habilidades y conocimientos para llegar más lejos en su carrera, la admiro porque definió claramente su cúpula profesional y había ajustado su consola de sonido como correspondía.

Ya sea que desees ser la asistente del principal oficial ejecutivo u ocupar dicho puesto, la clave es tener clara tu próxima cúpula profesional.

¿SE PUEDE TENER TODO?

¡No! Tener una vida perfectamente equilibrada es imposible. En lugar de hacer sacrificios para obtener el balance perfecto, sólo tienes que ajustar tu Consola de Sonido Personal™ para que puedas combinar la vida familiar y profesional al máximo.

Démosle una mirada, por ejemplo, a Marissa Mayer, una de las pocas mujeres con un puesto de principal oficial ejecutiva en los Estados Unidos de Norteamérica. Como presidenta y principal oficial ejecutiva de Yahoo, ocupa el puesto #16 en la lista de las mujeres más poderosas.

Hasta el 2015, habían sólo 23 mujeres (el 4.6%) ocupando el cargo de principal oficial ejecutiva entre las compañías más importantes, según la revista Fortune 500. De acuerdo con la edición del 24 de marzo de 2015 de CNN Money, no se espera que estas cifras cambien en un futuro cercano debido a que hay muy pocas mujeres líderes en la linea de sucesión en las grandes corporaciones estadounidense.

El nombramiento de Marissa Mayer como principal oficial ejecutiva resonó en los medios de comunicación en todo el mundo, porque ella había aceptado el cargo a pesar de tener cinco meses de embarazo. Los críticos la destrozaron. Pero ella siguió el camino hacia su cúpula profesional: ser la principal oficial ejecutiva de una empresa con más de $3.94 mil millones en ingresos.

Trabajó casi hasta la fecha del parto y regresó al trabajo dos semanas después del nacimiento de su hijo. Construyó una guardería infantil junto a su oficina. Obviamente, el mundo continuó criticándola. El escrutinio público es siempre proporcional al nivel de la posición, por eso sus acciones suscitaron una gran cantidad de comentarios negativos.

Mayer dijo: "Me he dado cuenta de que ser madre me hace una mejor ejecutiva, porque las fortalezas que desarrollas durante maternidad hacen que establezcas prioridades. Ser madre te da más claridad sobre lo que es importante". Ella ajustó con éxito su consola de sonido a sus necesidades y gustos. (Por supuesto, no todo el mundo puede construir una guardería infantil al lado de su oficina, además con una niñera, pero las mujeres líderes pueden encontrar la forma).

No existe la perfección en la toma de decisiones. Si decides ser madre, amiga, esposa, empresaria o alta ejecutiva, evalúa la intensidad de cada relación de acuerdo con lo que te haga feliz. No te dejes influenciar por lo que la sociedad te exija. Tú eres la dueña de tu propia consola de sonido, por eso ajústala a tu propio ritmo.

PONTE EN SUS ZAPATOS

Cuando afronto una decisión importante de negocios, siempre me pregunto qué haría mi amiga. Es una mujer a quien admiro mucho: ¿Qué hechos tomaría ella en cuenta?

Ella había trabajado duro para ser una excelente ejecutiva, además de ser una esposa dedicada, madre, hija y hermana. Puesto que todo sucede en el momento oportuno, llegó el día en que le ofrecieron una posición muy importante en otro país, con más responsabilidades. Esto significaba trasladarse lejos de su marido, tres hijos universitarios, madre, amigos y contactos de negocios. Mientras ponderaba la decisión de trabajo, algunas personas la criticaban:

¿Por qué vas a dejar a tu esposo y tu hogar? ¡No todo en la vida es dinero y trabajo! ¿Cómo te vas a mudar a los Estados Unidos? Vas a arrepentirte por déjarlo todo atrás.

La felicidad, como las metas profesionales, es relativa. Ella había apoyado a su marido en sus negocios, además de velar por todos los miembros de su familia. Ahora era el momento de conseguir apoyo para lograr una cúpula profesional que nunca había soñado. . . porque soñamos dentro de un rango estrecho. Mucha gente tiene miedo de lanzar la piedra para alcanzar la luna.

Nunca había considerado ascender la escalera corporativa y reubicarse en la sede principal de una de las empresas más grandes del mundo en los EE.UU. Pero cuando surgieron las circunstancias, ella lo discutió con su familia, y midió cuidadosamente los pros y los contras, antes de aceptar la posición. Estaba dispuesta a correr el riesgo de llegar a su siguiente cúpula profesional, lo que significó la eliminación de sus nociones preconcebidas con respecto al papel de la mujer dentro de los modelos tradicionales de la familia y la sociedad.

IDENTIFICA DÓNDE ESTÁN LA ENTRADA Y LA SALIDA

Ninguna acción o decisión es perfecta. Es como ver al equipo de gimnasia femenina en los Juegos Olímpicos. Te sientas frente al televisor y esperas a que el jurado le otorgue a alguien un 10. Estas niñas, están lejos de su tierra natal, de su familia, y se sienten mal en uno de esos días del mes, vienen a hacer saltos y ejercicios en el piso. Hacen todo lo posible para conseguir el 10 conociendo las probabilidades. Aun así, asumen el riesgo.

Si tomas decisiones y asumes riesgos a la expectativa de obtener un 10 perfecto, te sentirás paralizada, dejarás de intentarlo y encontrarás mil excusas por el temor de recibir menos; por ejemplo: "No estoy preparada. . . Es un club de hombres y no me abrirán paso. . . No soy lo suficientemente buena. . . Tengo que saber más de economía. . . Tengo tres hijos". Siempre habrá una excusa para no correr el riesgo.

¡Olvídate de las excusas! Cuando asumas un riesgo, descubrirás cómo puedes innovar y alcanzar la excelencia en asuntos que ni te imaginas. Por encima de todo, no te desanimes, ni te restes merito si no obtienes un 10. Las oportunidades aparecen una sola vez y eres tú quien decide si corres el riesgo de ganar o perder.

La clave es no limitarte a tu escritorio o a la oficina. Es necesario salir y ampliar tus vínculos. Tienes que involucrarte en el campo de los negocios al igual que lo hacen los hombres cuando se unen a grupos de negocios exclusivos, juegan golf, pescan o pasan un rato en el bar. No quiere decir que tengas que hacer contactos en la forma en que tradicionalmente los hombres lo hacen. Como dueña de tu consola de sonido, debes crear tus propias oportunidades.

Cuando vislumbré los posibles resultados y repercusiones de

postularme para la presidencia, me preparé emocionalmente para todos los posibles resultados y esbocé un plan de acción para enfrentarlos. La visualización de los resultados frente a las acciones a seguir me permitió aumentar la confianza en mi decisión.

Desde el momento en que abrimos los ojos por la mañana hasta que los cerramos por la noche, pasamos una gran parte del día usando argumentos de venta para convencer e influir a otros para que tomen decisiones, como instar a nuestros hijos a que se levanten temprano y desayunen rápido para llegar a tiempo a la escuela, o persuadir a tu equipo para que trabaje el fin de semana para terminar una propuesta.

Todos los días hay que vender y negociar, ya sea personal o profesionalmente. Y no todo va a salir siempre como uno lo desea. Somos profesionales de ventas y personas influyentes, pero cuando las ventas y comisiones dependen de la cantidad de productos o servicios que la gente te compra, o si eres una mujer de negocios independiente cuyo sueldo depende de tu desempeño y no de la nómina quincenal de la compañía, las ganas de vender se hacen aún más fuertes.

Nadie es el "juguete nuevo" que todo el mundo quiere tener. En un mundo en el que, por instinto, las primeras palabras que salen de la mayoría de las bocas es: "A mi no me toca", o "no depende de mí", o "no me pagan por eso", se necesitan dos cosas:

- Un grupo de apoyo compuesto por personas positivas y emprendedoras que te ayuden a ponerte de pie cuando se hayan cerrado muchas puertas y te sientas derrotada.

• Autoestima alta para que el sonido de las puertas al cerrarse no te de miedo. Pero por encima de todo, seguir creyendo en ti misma.

Esto fue precisamente lo que hice durante mi aspiración a la presidencia de la organización. Mi grupo estaba compuesto por personas altamente analíticas, con un alto nivel de inteligencia emocional y que estaban familiarizados con el modus operandi del club de los varones.

PROGRÁMATE A UNA EDAD TEMPRANA

Unos días después de que mi amiga tomara el nuevo reto profesional de mudarse lejos de su familia, nos encontramos en un restaurante, propiedad de una familia durante tres generaciones. El fundador había muerto y sus hijas y nietas se hicieron cargo de administrarlo. Era un sábado por la tarde y las bisnietas estaban sentadas haciendo sus tareas en la mesa contigua a la nuestra. Una de las niñas, en particular, llamó mi atención. A sus siete años de edad era sumamente energética, y estaba completamente concentrada en sus estudios. La escuche diciendo que necesitaba estudiar duro para ganar dinero. Continuó leyendo su libro de historia para citar a los padres fundadores de los EE.UU: "Si alguien no desea trabajar, tampoco debería comer".

Las propietarias del restaurante me conocían y dejaron que la niña se sentara y charlara con nosotras, así que le pregunté qué significaba para ella esa cita. Sin perder la compostura, ella respondió, "simple; que uno no puede ser vago. Los que no quieren trabajar y son vagos no deberían recibir alimentos y cosas de forma gratuita. . . y hay mucha gente vaga por ahí".

Quedé muy impresionada e intrigada por la niña. Fascinada con su proceso analítico, le hice otra pregunta: "¿Qué quieres ser cuando seas grande?" Ella respondió: "Maestra o trabajar en una tienda, para no tener que hacerlo muy duro y así tener tiempo para cuidar de mis hijos."

El alma se me fue al suelo. Me pareció preocupante que una niña tan joven estuviera programada para creer que no podía apuntarle a las estrellas cuando eligiera su carrera. Ella creía que necesitaba encontrar un trabajo que le permitiera tener tiempo para cuidar a sus futuros hijos. ¿Por qué nos ponemos tanta presión cuando se trata del balance? No esperamos de los hombres el mismo dichoso balance. Si le preguntas a un niño lo que quiere ser cuando sea grande, es muy poco probable que elija una carrera basada en la flexibilidad para quedarse en casa y cuidar de los hijos.

Era imposible irme del restaurante sin reforzarle el mensaje de que no debería dejar que el molde tradicional de tener hijos hiciera añicos sus sueños y aspiraciones. A medida que continuamos conversando, me dijo que su padre era alemán. De repente, se me encendió el bombillo. Le pregunté por su iPad® y le mostré el Castillo de Neuschwanstein en Alemania, que sirvió de inspiración para el castillo de Cenicienta en Walt Disney World de Orlando, Florida. Eso es todo lo que necesité para demostrarle que para viajar por el mundo necesitaba ser la mejor en lo que hiciera. Una carrera profesional exitosa te puede llevar alrededor del mundo y también podrás ganar suficiente dinero para cuidar de tus hijos.

AJUSTA TU CONSOLA DE SONIDO PERSONAL™

No hay manera de lograr el balance perfecto en un mundo imperfecto. Tanto hombres como mujeres deben ver la vida como una consola de sonido que necesita reajuste y sintonización continuos. Los ingenieros de sonido calibran los sonidos de acuerdo con el estilo de la canción, los instrumentos que utiliza y el impacto que quieren crear. Modulan los niveles de salida del volumen, los bajos, los agudos y la gama media de acuerdo con el eco del sitio e incluso con el tamaño del teatro.

Veo la vida como la consola de sonido que ajustamos según nuestras aspiraciones personales-profesionales y los compromisos que hacemos con las personas que nos rodean, incluyendo a nuestros cónyuges, hijos, otros miembros de la familia, amigos y mascotas. Si tienes niños, es fundamental que ambos padres estén de acuerdo en cómo ajustar el sonido de la consola para que no haya más modulación de un lado o del otro; que cuando se hable de la vida real, tenga que ver con el nivel de atención que cada uno le proporcionará a los compromisos, como niños y mascotas.

Cuando le pregunto a las madres que trabajan si se sientan con sus parejas para ajustar la consola de sonido entre ambos en relación con el cuidado de niños, siempre me dan la misma respuesta: "Él no se ocupa de ellos como lo hago yo. Él no los peina o les hace las trenzas tan bien como yo. Él no los baña como yo".

No puedo creer lo que oigo. ¿Desde cuándo se requiere la perfección para peinar, hacer trenzas o bañar a un niño? ¿Desde cuándo las madres son perfectas? Si no estás satisfecha con la forma en que tu pareja lleva a cabo estas tareas, enséñale a hacerlo mejor. No seas una mártir o víctima por creer que eres la única que puede hacer las cosas del hogar bien. Estos son excusas de las mujeres para sacrificar sus carreras, porque consideran a sus parejas incompetentes en las tareas de la casa y la familia. Esto sólo perpetúa el modelo de las mujeres como amas de casa y el de los hombres como único proveedor de la familia.

CREA TU CONSOLA DE SONIDO PERSONAL™

En este punto del libro, ya habrás establecido claramente los aceleradores, desaceleradores y los pasos necesarios para llegar a tu próxima cúpula profesional. Ahora, utiliza las siguientes páginas para hacer una lista de esos pasos y metas clave.

Cada día es diferente y hay que ajustarlo como corresponda. Por ejemplo, si tienes niños, el nivel (número de horas que les dedica) es bajo durante la semana y los fines de semana más alto. Por lo tanto, tendrás que ajustar la consola de sonido según tus necesidades.

Identifica las personas verdaderamente importantes en tu vida que te puedan ayudar y asígnales un botón en tu Consola de Sonido Personal™. Si tienes una pareja, siéntense juntos para ajustar la consola de sonido con respecto a los niños. Después de todo, ambos son los padres.

(Ten a mano tu gráfica de cúpulas para este ejercicio)

Encontrarás siete consolas de sonido, una para cada día de la semana. Cada consola de sonido tiene un conjunto de botones y marcas que representan una hora de tu día.

Has una lista de todas las tareas que debes realizar de acuerdo con tu plan. A continuación encontrarás una lista de actividades que una empresaria o ejecutiva hace habitualmente. Añáde las que creas que mejoran tu estilo de vida y acelera tu paso.

Si tienes pareja, sería un gran ejercicio trabajarla juntos, para sintonizar las responsabilidades familiares.

El ajuste de tu Consola de Sonido Personal™ te ayudará a sincronizar tus acciones para alcanzar tu próxima cúpula profesional. Asigna y ajusta el tiempo a las siguientes acciones:

* Oficina / trabajo
* Desarrollo personal
* Reuniones
* Comunicarse con mentores, asesores financieros y colaboradores
* Almuerzo

- Hijos
- Cónyuge
- Crisis organizacionales
- Estado físico
- Estado espiritual
- Amigos
- Pasatiempos
- Descanso y dormir

Tal vez cuando hayas completado este ejercicio, te des cuenta de que los botones relacionados con el trabajo durante los días laborables requieren un número de horas mucho más alto que las de tus hijos . . . pero durante los fines de semana es a la inversa.

Para información adicional sobre la Consola de Sonido Personal™ accede: www.FrancesRios.com

LUNES

TAREAS

MARTES

24h

TAREAS

MIÉRCOLES

24h

TAREAS

JUEVES

24h

TAREAS

VIERNES

24h

TAREAS

SÁBADO

24h

TAREAS

DOMINGO

24h

TAREAS

ALTERANDO
EL CLUB
DE LOS
VARONES

CAPÍTULO

06

La periodista investigativa Elizabeth Cochrane Seaman (cuyo seudónimo literario era Nellie Bly) arriesgó su propia seguridad personal para ir de incógnito a denunciar a políticos corruptos, dueños de fábricas explotadoras y a médicos fatulos . . . hace más de 125 años. "Audaz" debería haber sido su segundo nombre, porque incluso se hizo pasar por una paciente mental, para que la admitieran en un manicomio y de ese modo poder informar sobre el maltrato a pacientes féminas. Allí, Bly sufrió maltratos y abusos espantosos durante 10 días. Inmediatamente después de su liberación, escribió una serie de artículos que condujeron a reformas en las condiciones de las pacientes.

Bly trabajó para **"The World"**, un periódico en la ciudad de Nueva York, del empresario Joseph Pulitzer. En ese momento histórico, las mujeres estaban relegadas a escribir para las páginas de moda y chismes, pero Bly no. En 1889, llamó la atención del público cuando informó sus planes de dar la vuelta al mundo sola en menos de 80 días (aludiendo al libro *La Vuelta al Mundo en Ochenta Días*, de Julio Verne), llevando sólo una maleta con lo indispensable para el viaje. Cuando regresó, después de 72 días, Bly se convirtió en la mujer más famosa de los Estados Unidos y del mundo. Jugó un papel decisivo para probar que el periodismo, al igual que el sufragio, no es sólo para hombres.

En años más recientes, dos aspirantes escritoras de libros corrieron el riesgo que las conduciría a la fama internacional y a la fortuna: Joanne Rowling (conocida como J.K. Rowling) y Stephenie Meyer.

J.K. Rowling era una madre soltera, divorciada y sin dinero cuando escribió el primer libro de Harry Potter en una vieja máquina de escribir. ¿Se imaginan si ella se hubiera dado por vencida después que doce editoriales se negaran a publicarla? No fue hasta la vez número 13 que una cada editorial aceptó publicar su libro. ¡Ahora, ella es más rica que la reina de Inglaterra! Cuando Rowling dio el discurso de graduación a la clase de 2008 de la Universidad de Harvard, abordó los fracasos en su vida. "Tal vez nunca fracasen a la escala en que yo lo hice, pero algunas fallas en la vida son inevitables. Es imposible vivir sin cometer errores en ocasiones, a menos que vivas tan cautelosamente que en realidad no estés viviendo, en cuyo caso, fallas por defecto".

En la siguiente anécdota de éxito, la inspiración vino de una fuente inusual. Después de un sueño muy lúcido, Stephenie Meyer se levantó y comenzó a escribir *"Crepúsculo"*. Terminó el manuscrito en tres meses, pero nunca tuvo la intención de publicarlo hasta que un amigo se lo sugirió. Escribió a quince agencias literarias. Cinco no respondieron, nueve la rechazaron y una le dio la oportunidad. Meyer recibió un contrato por tres libros, para su serie romántica de vampiros por un valor de $750,000. La serie *Crepúsculo* ha ganado el reconocimiento internacional y ha vendido más de 100 millones de copias. En 2010, los ingresos reportados por Stephanie Meyer fueron de $40 millones.

Me identifico con estas mujeres porque el riesgo en los negocios es como segunda naturaleza para mi. Creo firmemente en la expresión: "Cuanto mayor es el riesgo, mayor es la recompensa". Correr un riesgo aumenta confianza en ti misma y te destaca como líder, no como una discípula que está satisfecha con el statu quo, así como lo ilustra mi siguiente historia personal.

¡QUE COMIENCE LA CARRERA!

Evalué cuidadosamente los pros y los contras de mi decisión de postularme a la presidencia de la organización que mencioné previamente. Como miembro de la junta directiva durante tres años, sentí que yo era fundamental para cambiar su curso. Y sabía que sería difícil pero no imposible. Yo estaba lista para el reto de descifrar el código del club de los varones.

Para tantear el terreno, formalicé mis intenciones de postularme a la presidencia durante mi congreso Women Who Lead™ en febrero de 2015, cuyas entradas se agotaron, y en donde las 220 mejores empresarias y ejecutivas aceptaron mi anuncio con una calurosa acogida.

La presidencia sería eficaz en un año electoral y era fundamental que el líder no estuviera involucrado en campañas políticas y que fuera un excelente comunicador con pleno conocimiento de otras industrias. Estas necesidades coincidían a la perfección con mis habilidades y experiencia. Acepté el hecho de que tendría que asignar una parte importante de mi Consola de Sonido Personal™ para la reactivación de la organización, con sentido del deber y compromiso.

Era el momento de dar el paso decisivo, puesto que sentía que estaba preparada para postularme y hacer frente a los retos. Reunía todos los requisitos de los estatutos para mi candidatura. Incluso antes de anunciar las nominaciones, los medios habían cubierto los nombres que se estaban considerando, y el mío era uno de ellos. Habían transcurrido varios días desde que anuncié mi interés en competir por la presidencia. Salí de compras y me topé con una alta ejecutiva que conocía muy bien ya que ella había asistido a nuestro Women Who Lead™ Summit, para el desarrollo de las mujeres de alto nivel profesional.

Tan pronto me vio, frenó bruscamente. Me abrazó, me agarró por los hombros, me miró a los ojos y me dijo: "¡Te admiro inmensamente por ser la líder de la inclusión, pero estás loca! Sabes que la organización para la que te estás postulando es de la vieja guardia. No tienes la más mínima posibilidad de ganarle al club de los varones. ¡Mira lo que pasó con las que presentaron su candidatura antes que tú, perdieron! "

Le di la respuesta que le daba a todos: "Si yo inspiro a mujeres como tú a que se lancen, a nadar contra la corriente y a asumir los riesgos, tengo que dar ejemplo y practicar lo que predico. No tengo nada que perder. La gente conoce la trayectoria de dicha organización con respecto a la inclusión de la mujer".

Hizo una pausa y respondió: "Tienes razón. Estoy a tu favor. Prepárate porque van a querer hacer tu vida miserable. Tienes la piel dura, pero ten cuidado".

Las dos últimas empresarias que se postularon para la presidencia, antes que yo, eran una estratega en comunicaciones y una experta en recursos humanos. Los resultados fueron decepcionantes para ellas y para la inclusión de la mujer. Aunque la estratega en comunicaciones reunía los requisitos de los estatutos de la organización, trataron de bloquearla para que el candidato respaldado por el club de los varones no tuviera adversario y, por consiguiente, fuera elegido en forma automática. En un tono sarcástico, alguien me comentó: "¿Frances, puedes creer que su único cliente es un astrólogo?" (Eso era falso).

La oposición contra ella era tan fuerte que se vio obligada a acudir a los tribunales para que le abrieran camino. Esa fue una acción histórica en la organización. En última instancia, el tribunal falló a su favor, y la organización perdió credibilidad y pagó una gran suma de dinero en honorarios de abogados. Aun así, ella perdió por pocos votos. Al año siguiente, se arriesgó de nuevo, pero el club de los varones se había asegurado de empañar su imagen y su reputación.

La siguiente empresaria que se atrevió a correr el riesgo experimentó una suerte similar. Durante los eventos de la organización, se podía escuchar a la gente chismear sobre sus asuntos personales y de cómo ella no iba a ser capaz de manejar las presiones del cargo de presidente. A pesar de que los resultados de las elecciones fueron devastadores, tuvo las agallas para correr el riesgo.

La única mujer que se postuló, al mismo tiempo que yo, aspiraba a un cargo en la junta directiva. Eran alrededor de las seis de la mañana cuando durante la campaña me llamó. En ese momento, ella estaba a punto de sufrir un infarto, enfurecida y profiriendo insultos. Esa mañana se habia publicado una edición especial que hace la organización anualmente para dar a conocer la convención. En dicha publicación había una foto del grupo de los candidatos para el cargo de director, pero ella no estaba en la misma. Habían cortado la foto a la mitad. Todos los hombres estaban en la foto y la única mujer, ella, había sido excluida.

Como era de esperarse, estaba muy disgustada. Siguiendo mi consejo, inmediatamente llamó y escribió al presidente y al director ejecutivo de la organización. Ambos hombres explicaron la omisión como: "Un percance desafortunado que no está en nuestras manos; es un error del periódico que realiza la publicación."

¿Qué sabía ella de esas cosas? Como pasada ejecutiva de asuntos corporativos, yo sabía que habían inventado esa excusa para deshacerse de ella y tuve que darle la mala noticia: "Amiga, los medios de comunicación no imprimen una publicación comercial sin la aprobación por escrito del cliente".

También experimenté la deshonra. Mi oponente se deshizo de la atención negativa que él estaba recibiendo cuestionando mi sólida carrera y experiencia.

Una vez que comenzó la campaña, recibí un correo electrónico del comité de mujeres empresarias, de la organización, respaldando al candidato masculino, indicando que yo nunca las había apoyado. Inmediatamente probé que la acusación era incorrecta mediante el envío de una comunicación electrónica masiva llena de imágenes que ilustraban lo contrario.

LA VIDA ES UN JUEGO DE PAC-MAN®

¿Recuerdas haber jugado Pac-Man®? Si se trata de mi negocio o de competir por la presidencia, veo varios aspectos de la vida como un juego de Pac-Man®. Si recuerdas, el señor y la señora Pac-Man® estaban en un laberinto de paredes y obstáculos, perseguidos por monstruos que se los querían comer. Si eras una jugadora experta y hacías los movimientos adecuados, lograbas llegar al siguiente laberinto. Y así es la vida. Al igual que Pac-Man®, debes estar en constante movimiento, de lo contrario, alguien te va a comer.

Muchas puertas se cerrarán y, a veces, ni siquiera sabrás porque. Sólo asegúrate de tener más puertas abiertas que cerradas. Siempre habrán sombras inesperadas detrás de situaciones que no te puedes ni imaginar, porque muchas cosas no son lo que parecen. Los enemigos de hoy podrían ser los aliados del mañana. Las personas tendrán intenciones que no puedes tomar a pecho. Debes distinguir entre tener nervios o miedo de correr un riesgo o de tomar una decisión. Sólo mantente en movimiento y no permitas que las intenciones ocultas de otras personas te detengan. . . o te comerá un monstruo de Pac-Man®.

Cada vez que tomo una decisión con respecto a algún asunto, siempre tengo en cuenta que cada acción tiene múltiples reacciones; lo mismo se aplica a la inactividad. Cuando inicies un proyecto, debes saber en dónde se encuentran las puertas de entrada y las de salida. Muchos me dijeron que no debía correr el riesgo de aspirar a la presidencia porque podía perder. Cuando me senté a analizar los posibles resultados, sabía que podía perder. Pero también me di cuenta de que, más allá de tener un resultado negativo, podía tener muchas cosas positivas. La clave consiste en visualizar los resultados, hacer un plan, estar preparada para que no te tomen por sorpresa y seguir el curso que hayas establecido.

¿LA REPUTACIÓN ES SUFICIENTE?

CAPÍTULO
07

ROMPE EL MOLDE

En mi vida he perdido la cuenta del número de veces que mis padres y mis abuelos me recalcaron lo importante que es proteger la reputación: "Dime con quién andas y te diré quién eres." Pensaba que se necesitaba de una reputación impecable para ganar una elección; sin embargo, no fue suficiente para ganar la presidencia.

Al principio de la campaña me enteré que el club de los varones se aseguraría que el otro candidato reuniera los requisitos de los estatutos. En ese momento, vi de nuevo la película en mi cabeza: el modus operandi de los últimos años. Sentí lo que vendría. Podría haber entrado en pánico, pero mi instinto me dijo que continuara.

Cuando llegó el momento de las nominaciones, mi nombre estaba en la lista. (Me dijeron que había recibido la mayor acogida en el proceso de nominaciónes.) En la votación electrónica, estaba en la lista con otros miembros que también cumplían los requisitos. Cuando se enviaron las papeletas para designar a los candidatos, el nombre de mi oponente masculino no se incluyó, porque no cumplía con los estatutos de la organización.

Como parte del proceso de nominaciones, los candidatos fueron evaluados a fondo en su experiencia profesional, reputación, antecedentes penales y en la forma en que podrían beneficiar a una organización centenaria. Tuvieron en cuenta mi excelente reputación, mis esfuerzos en materia de responsabilidad social, mi curriculum vitae (incluyendo premios), mi pasada experiencia local e internacional como ejecutiva y como empresaria de alto nivel.

Durante el proceso, mi oponente declaró en una entrevista (que apareció en la sección de negocios de un periódico local) que respetaría la decisión del comité de nominaciones si no lo postulaban. Este no fue el caso. Aunque fui yo la única persona nominada para la presidencia, el oponente masculino aceptó la nominación del club de los varones de la organización y de sus amigos, mientras que el presidente de la organización mantuvo encubierto su incidente delictivo. Al final, su nombre fue propuesto y aceptado sin tomar en cuenta su reputación, la existencia de antecedentes penales, la responsabilidad social y su curriculum vitae. Nos estaban midiendo con varas diferentes. Pero para mí, este fue de nuevo otro ejemplo del club de los varones en acción.

Como táctica para disuadir a la gente de mi campaña, fabricaron una historia para estropear mi reputación. Dijeron que yo iba a vender la organización a empresas internacionales y cabilderos.

Como parte de mi experiencia profesional, tuve la oportunidad de prestar mis servicios como portavoz a alto nivel ejecutivo. Estuve a cargo de mejorar y proteger la reputación de empresas internacionales y, por ende, el precio de sus acciones. En esa posición, tuve influencia en los resultados finales y un asiento en la mesa de toma de decisiones en empresas catalogadas como Fortune 100 tanto en Puerto Rico como en los Estados Unidos.

En lugar de ver mi experiencia como una de beneficio para compartir mejores prácticas empresariales a nivel mundial con las empresas locales, para que compitan y crezcan, utilizaron mi experiencia empresarial en mi contra. Trataron de convencer a los propietarios de las empresas locales de que iba a vender la organización a los grandes intereses.

DIME CON QUIÉN ANDAS Y TE DIRÉ QUIEN ERES

Para contrarrestar la estrategia del club de los varones, hablé con líderes de opinión miembros de la organización y otros afines a ella. En una de mis reuniones con los expresidentes para sondear su apoyo, uno de ellos me preguntó sin rodeos: "¿Quiénes son parte de tu equipo? ¿Quiénes te están apoyando activamente?"

Mientras estaba enumerando a mis partidarios, me di cuenta de su expresión de asombro. Cuando llegué al número 13, me detuvo y dijo, "No digas más. Sé de tu seriedad y méritos. Sólo quería asegurarme de que estés rodeada de gente con una reputación sólida, como la tuya".

De hecho, muchas personas llamaron o me escribieron diciendo que votarían por mí, sin siquiera pensarlo dos veces, simplemente por estar relacionada con otros profesionales de alto nivel. Lo que mis padres y abuelos decían era cierto: "Dime con quién andas y te diré quién eres". La influencia de terceros puede afectar tu reputación de manera exponencial. Lo que tus aliados dicen en sus industrias y los círculos sociales es fundamental.

TOMA LA INICIATIVA

Durante la campaña para el cargo en la junta directiva, exageraría si dijera que hice 20 llamadas pidiéndole a la gente su voto. Me basé en mi reputación y en las redes sociales para transmitir mi mensaje y las razones para votar por mí. Mis oponentes en ese entonces gastaron miles de dólares en sus campañas, mientras que sólo gasté unos $500. Aún así conseguí posicionarme entre los dos primeros puestos, con un margen amplio del resto de los nominados.

La estrategia para la presidencia no fue la misma. Los que conocían el proceso me habían advertido que iba a tener que hacer más de 400 llamadas para pedir votos. Ese proceso me inquietaba. Tomar el teléfono nunca ha sido uno de mis puntos fuertes. La mayoría de mis clientes han llegado a través de referencias. Aunque soy muy enérgica cuando se trata de hacer negocios, "pedir" votos me causaba incomodidad.

Como yo, hay muchas empresarias y ejecutivas que creen que pedir transmite debilidad o necesidad. Pero pronto me di cuenta de que lo peor que podía pasar era que alguien me dijera "no". Cualquier mujer que quiera llegar a su cúpula profesional debe darse cuenta que no va a caer del cielo; hay que pedir para conseguirla.

Hace poco, tuve una conversación con una ejecutiva de recursos humanos de una empresa internacional, quien me reveló que hubo un éxodo reciente de altas ejecutivas porque no estaban satisfechas con sus salarios. Le pregunté, "¿Te dijeron en algún momento de sus necesidades y no les hiciste caso? Ella respondió: "¡Frances, nunca lo mencionaron!" Esto pone de relieve el hecho de que "pedir" es muy difícil para las mujeres.

Durante una convención de mujeres en tecnología en el 2014, el principal oficial ejecutivo de Microsoft, Satya Nadella, comentó sobre cómo las mujeres deben abordar las negociaciones salariales. Dijo que las mujeres deben confiar en el "karma" para obtener el salario que se merecen. "El asunto no está en pedir un aumento de sueldo; está en tener fe en el sistema para conseguirlo. Esta es una de las grandes fortalezas de las mujeres que no piden aumento. Eso es un buen karma. Se les revierte". Caos total, en cuestión de segundos, causó revuelo en todo el mundo a través del Internet. Imagino que el equipo de relaciones públicas de Nadella casi convulsiona. Más tarde, Nadella se disculpó diciendo: "Si (las mujeres) creen que merecen un aumento, simplemente lo deben pedir".

Su impronta como hombre demostró las diferencias en la percepción de género, cuando se trata de pedir un aumento de sueldo. Vamos a dejar algo claro: Tenemos que reconocer que Nadella es un líder extraordinario, que posee convicciones profundas para influenciar al mundo. Pero al igual que muchos de quienes abogan por la diversidad y la inclusión con sus acciones, verbalmente comunican erróneamente los mensajes clave, y lo hacen de una manera negativa.

Mientras exploraba por qué es tan difícil para las mujeres pedir, me encontré con el libro *Negotiating Gender Roles: Gneder Differences in Assertive Negotiating Are Mediated by Women's Fear of Backlash and Attenuated When Negotiating on Behalf of Others*. Los autores, E.T. Amanatullah y Michael W. Morris, llevaron a cabo un experimento y encontraron que cuando las mujeres piden un aumento de sueldo, este es un promedio de $7,000 menos que el de los hombres que participaron en el estudio. Sin embargo, cuando las mujeres abogan por un aumento de sueldo para otra persona, pidieron la misma cantidad que los hombres en el estudio.

Estos hallazgos corroboran la noción de que las mujeres tienen miedo de dañar su reputación al pedir más dinero. Muchas féminas esperan que los aumentos salariales, mejores posiciones, proyectos especiales se consigan automáticamente por trabajo duro y una excelente reputación. Bueno, eso puede suceder, pero las posibilidades son escasas. ¡Tienes que ampliar tus vínculos, llamar la atención y pedir!

Por lo tanto, al darme cuenta que tendría que sacar a relucir lo que soy para conseguir votos, concurrí a eventos que atrajeran a los líderes de opinión, como eventos y reuniones de la organización, fiestas y encuentros sociales y profesionales. Me puse de pie en frente de cada persona e hice algo muy poco habitual: pedir. Directamente les pedí su voto y les expliqué por qué.

Los contrincantes pensaron que derrotar a la "chica" iba a ser pan comido. No fue fácil. Se encontraron con una mujer que atrajo una gran cantidad de miembros que querían un cambio radical y la eliminación del statu quo. Estaba sacando provecho de mis puntos fuertes y los unia al apoyo de las principales personas influyentes en el ámbito socio-económico.

Sí, perdí… en la mente de algunas personas. Sin embargo, sentí que gané teniendo en cuenta el contexto real del sistema de votación. La realidad era que el oponente y su grupo vendieron, durante el período de votación, más de un centenar de membresías personales (es decir, votos). Además, él poseía 10 y los miembros de su familia, 13.

Saquen las cuentas.

Aquí están los resultados con base de 410 votos

Candidato	Porcentaje	Votos
Oponente Masculino	56.5	231
Frances	42.3	173
Una diferencia de...	...	58

103

No pierdes nada por pedir. Prepárate siempre con un objetivo transparente, y respalda tus planteamientos con fundamento. El viento no siempre va a soplar a tu favor. La gente tiene intenciones ocultas, como un contrato, una posición para un amigo o un sobrino.

Sin importar lo que pienses que está ocurriendo tras las bambalinas, nunca pierdas la oportunidad de pedir. Quizá las personas que estaban en tu contra en el pasado, ahora no se interpongan en tu camino. En el peor de los casos, van a decir que "no". . . pero, más tarde tal vez digan que "sí".

Como parte de mis esfuerzos para estar al día con futuras tendencias, asistí a un programa especial de la prestigiosa Universidad de High Point University (HPU) en High Point, Carolina del Norte, liderado por el mismo presidente de la universidad, Nido Qubein, CSP, CPAE, empresario y conferenciante internacional muy respetado. Dado al reducido número de mujeres en la junta de directores en el mundo empresarial, le pregunté en qué deberían centrarse las mujeres para alcanzar sus cúpulas ¿Cómo puedo ser elegida en la junta directiva de una organización como la HPU? Sin parar, enumeró inmediatamente las tres W (en inglés: Work, Wisdom y Wealth): Trabajo, Sabiduría y Riqueza. Y a continuación dio una breve definición de cada una:

Trabajo: "Debe contar con un historial laboral y una reputación estelar que demuestre los principales cargos que ha tenido y cómo ha influido en dichas organizaciones".

Sabiduría. "Cuando se trabaja con grandes empresas o como propietario de un negocio, se obtiene una gran sabiduría que se puede aplicar para hacer que las organizaciones crezcan".

Riqueza. "Si se ha acumulado algún patrimonio, eso demuestra que sabe cómo conseguir riqueza y administrar sus finanzas. La junta directiva de la HPU, como otras organizaciones, busca directores que puedan agregar valor y conseguir dinero para la universidad".

IRONÍA DE UN CLUB DE VARONES CON EQUIDAD DE GÉNERO

CAPÍTULO

08

ROMPE EL MOLDE

Tan pronto mi nominación se hizo oficial, mi campaña ya estaba lista para lanzarla. Habían pasado muchos meses de especulación por parte de los medios noticiosos. Esa noche, después de haber terminado los compromisos con la organización, llamé a mi mentor para ponerlo al día con la campaña.

Era una persona con experiencia internacional y sus sabios consejos siempre eran acertados. De inmediato me dijo: "Mi niña, si estuviera en tu lugar, utilizaría una foto en la que no aparezcas tan bonita. Cuando las mujeres vean tus fotos, no van a votar por ti. Usa una menos llamativa, que apele al molde tradicional, para que puedas atraer la atención de los socios. No dejes que tu belleza opaque tu inteligencia y lo estratégica que eres".

Mi mentor no fue el único que me advirtió sobre mi apariencia física. Como parte de mis actividades para ganar la confianza, el respaldo y los votos de los expresidentes, me reuní con la mayoría de ellos. Entre ellos se encontraba un caballero muy amable y afectuoso a quien conozco desde hace años. Mientras almorzábamos, me dijo: "Frances, tienes todas las probabilidades de ganar. Tienes la experiencia de una persona de 60 años, pero el único problema es que luces como si tuvieras 20. Los que no te conocen pensarán que no tienes fundamento y las mujeres no te van abrir el paso".

Varios hombres y mujeres ya me habían llamado la atención sobre mi apariencia, por lo que me reuní con un grupo de amigas y compañeras de trabajo para evaluar mi imagen. Esto era algo que siempre había hecho para otros, pero ahora yo era el producto, y quería saber la opinión de los demás.

A nivel local, así como en los países en los que hago negocios como conferenciante, la gente me reconoce por el color de mi marca profesional (naranja) y mis materiales promocionales. En cada programa que imparto, ya sea un taller o una conferencia, siempre me verán vestida de anaranjado. De hecho, cuando asisto a los talleres y no uso el anaranjado, veo la decepción en las caras de los asistentes.

Reuní a un grupo de ocho empresarias y altas ejecutivas, que sin rodeos me dijeron la verdad. Con vehemencia, cada una de ellas me dio su opinión sobre mi proyección para la campaña, desde mi ropa hasta mi cabello.

Algunas me dijeron que debería llevar un traje sastre o azul marino hecho a la medida, "del tipo que usan las empleados bancarios". ¡Qué soso! Esos los eliminé de mi guardarropa hacía muchos años. Otros me dijeron que usara zapatos bajos en lugar de tacones altos. Incluso me dijeron que tiñera mi pelo más oscuro, así no me vería como "una rubia cliché" y que me recogiera el pelo hacia atrás.

Decidimos que debería separar de la campaña mí marca profesional como comunicadora y conferenciante internacional. Ahora tenía que lucir "presidencial" y reflejar la imagen de una organización centenaria y tradicional. Así que fui al centro comercial y salí cargada de bolsas llenas de trajes sastre hechos a la medida como los que visten los altos ejecutivos en las empresas. También compré faldas azules hasta la rodilla con líneas clásicas que esculpieran mi figura. Con los zapatos cerrados no lo logré. En lugar de ellos me compré unos zapatos de tacón alto, llamativos, para competir con las corbatas brillantes que los hombres usan.

Mi cabello era otro problema. Mi abuela, que en paz descanse, y mi madre lloraban cada vez que me peinaba hacia atrás. Mi abuela siempre se quejaba cuando me veía con una cola de caballo. Me resistía firmemente a la idea de una cola de caballo.

Fui a la peluquería cuando supe que mi estilista de toda la vida estaba fuera de la ciudad e hice una cita con su asistente. Mis instrucciones fueron claras y específicas: ¡Recórtame el pelo hasta los hombros y tiñelo color castaño! Con el corte de pelo estuvo de acuerdo. En cuanto al color, me dijo, "¡Frances, si te tiño el pelo de castaño, me despiden; mi jefe nunca me lo perdonará; sabes que quiero mantenerlo rubio; siempre has sido rubia, ese es tu color; lo siento, pero no puedo teñirlo!"

Era imprescindible teñir mi cabello de castaño. Tenía programada una sesión de fotos en el periódico y debía lucir como una ejecutiva corporativa tradicional. El artículo compararía a ambos candidatos y era para la sección de negocios. No había otra opción. Le di un ultimátum. ¡Va castaño y punto!

El día de la elección, los comentarios que habían hecho dos colegas mujeres resonaban en mi mente.

Recordé una de las conversaciones que tuvo lugar en el baño de damas durante la convención del año anterior. Esta colega, que había estado muy activa en el comité de mujeres y en los eventos de la organización, me preguntó: "¿Por quién vas a votar?"

Yo quería ver con qué me iba a salir, por eso le di cuerda para que se abriera. De forma inocente, le contesté: "Todavía no estoy segura. Dime, ¿Por quién debo votar? "

En voz baja para que nadie nos oyera, susurró: "No voy a votar por ella. Le falta carácter. Es demasiado blanda. Necesitamos un hombre fuerte. Y también oí que se está divorciando ¡Imagínate! Eso no le daría una buena imagen a la organización".

Un año más tarde, el día de mi nominación, la misma señora corrió a felicitarme y jurarme lealtad y apoyo durante la elección. Cada vez que me encontraba con ella, me decía: "Eres como mi hija y te voy a ayudar hasta el final. Sabes que puedes contar conmigo. Las mujeres tenemos que apoyar a las mujeres. Te apoyaré al igual que lo hice con la candidata anterior".

Cuando dijo eso, se me revolcó el estómago y pensé: "A veces, podemos ser nuestras peores enemigas." Otra persona me dijo directamente, "Frances, perdóname por decirte esto, pero tienes que actuar como un hombre "macho". Para demostrarlo, cruzó los brazos y se quedó con las piernas separadas para transmitir una actitud de "gánster". Y continuó: "Tienes que ser el espejo de todos estos machistas, sobre todo cuando sus esposas estén a su lado, porque inmediatamente se ponen celosas y piensan que se los vas a quitar."

Estos dos comentarios me recordaron una entrevista con Indra Nooyi, principal oficial ejecutiva de Pepsi, que dijo: "Creo que los límites de crecimiento desaparecerán cuando las mujeres ayudemos a otras mujeres a abrir la brecha a través del techo de cristal." Eso hizo que me preguntara, cómo se podría exhortar a las mujeres para que se apoyen mutuamente y reconozcan los talentos de las demás.

A través de los siglos, a las mujeres se les ha encasillado como amas de casa y a los hombres como el proveedor de la familia. Por la misma razón, los hombres han tenido la oportunidad de crear redes de apoyo, lo que les permite dominar el mundo de los negocios. Si lo ponemos en perspectiva, parece que fue ayer que las mujeres en los Estados Unidos y Gran Bretaña obtuvieron el derecho al voto.

A veces veo a las mujeres celebrando porque alcanzaron su cúpula profesional o porque fueron capaces de cruzar las barreras del club de varones. La realidad es que, como mujer, no eres un verdadero ejemplo de la inclusión hasta que te conviertas en una propulsora de la inclusión y de la equidad de género en tu organización, entre tus colegas y en tu comunidad. No es sólo cuestión de conseguirlo allí, sino de actuar como defensora de la inclusión.

Eres realmente un ejemplo de inclusión cuando la promueves de las siguientes maneras: cuando le agradeces a quienes te abren las puertas; cuando abres las puertas para otras; cuando les reconoces su colaboración en un proyecto; y cuando no copias sus ideas. La inclusión es especialmente evidente al reconocer a otras mujeres, incluso si son tus competidoras.

¿EL CLUB DE LOS VARONES ES SOLO PARA HOMBRES?

Los sesgos conscientes e inconscientes, no se limitan a los hombres. En mi diccionario, tanto los hombres como las mujeres pueden pertenecer al −casi tan antiguo como el tiempo− club de los varones, un club que debería erradicarse. En el club, los miembros masculinos todavía tienen la mentalidad de la década de los 60 y creen firmemente que los hombres deben mantener los puestos de toma de decisiones. Los miembros femeninos creen que los hombres tienen más carácter que las mujeres, o que si ellas no pueden lograr una posición, tampoco otras mujeres.

No es probable que los sesgos se erradiquen a corto plazo. Como constatámos a través de data propietaria de nuestra empresa. El W Certified Company™ es una herramienta única creada por nuestra firma para medir los niveles de inclusión en las empresas. Como resultado, un impresionante 70% de las mujeres indicaron que sus empresas no les proporcionan el desarrollo de habilidades en las áreas de sesgos conscientes e inconscientes.

He experimentado los sesgos machistas muchas veces. Por ejemplo, en las reuniones de negocio cuando un compañero de trabajo le pide a una colega que tome notas de la reunión, como si fuera secretaria, argumentando que ella tiene una mejor caligrafía. O le piden a una mujer que corte el pastel cuando celebran el cumpleaños de alguien, porque es un trabajo de mujeres.

Desde el inicio de mi campaña estaba preparada para hacerle frente a los sesgos de la gente. Sorprendentemente, padecí de la discriminación por parte de algunos medios de noticias cuando hacían referencia a mi oponente como el "hombre de negocios" y a mí como la "motivadora", a pesar de que les había llamado la atención. En lugar de eso, las comparaciones debieron haber sido el "empresario local" y la "empresaria internacional", o algo similar.

La realidad es que después de tantos siglos de relegar a las mujeres al papel de sirvienta obedientes de la casa, eso no se puede cambiar en sólo un siglo. Cuando tengo una entrevista con empresas para evaluar la transparencia de sus protocolos de reclutamiento o promoción, algunos siempre con orgullo afirman que cuentan con procedimientos electrónicos para realizar una selección a ciegas. En estas selecciones electrónicas no se puede agregar el género del candidato/a. La verdad es que en los procesos de reclutamiento o ascensos, donde se lleva a cabo la selección preliminar o la final con entrevistas cara a cara, las hacen personas que no han recibido capacitación en el tema crítico de los sesgos conscientes e inconscientes.

Por eso es tan crucial educar a nuestros y nuestras colegas dentro de la empresa a todo nivel y llevarlos a que se conviertan en parte de la solución.

Es excelente ver como muchas empresas internacionales tienen un compromiso serio y real con la inclusión de la mujer y la equidad de género. Reconocen que la inclusión puede ayudar a entender y servir mejor a sus clientes como un reflejo de lo que son. En última instancia, esto conducirá a mejores resultados financieros.

EL EFECTO
DE LA BANDA
ELÁSTICA™

CAPÍTULO

09

ROMPE EL MOLDE

Imagínate una banda elástica. Sí, la que está en el cajón de tu escritorio, la que utilizabas para sujetar las resmas de papel antes de las computadoras y el iPad®.

Así como una banda elástica, debes ser flexible, contraerte y reajustarte mediante el mantenimiento de la "memoria muscular".

UN FACTOR INESPERADO

"Los resultados son" resonó por todo el salón: "El presidente elegido por 58 votos es. . ." y anunciaron su nombre.

Con mi aplomo habitual, y acompañada por uno de mis grandes amigos, caminé hasta donde el presidente recién elegido, quien estaba de pie llorando. La imagen de una reina de belleza cubriendo su boca y llorando me vino a la mente. Sonreí y le di la mano para felicitarlo. Continué mi camino a través del hotel agradeciendo de todo corazón a todos los que me habían apoyado. Si hay una cosa que he aprendido es que debes agradecer con el mismo entusiasmo con el que pediste ayuda.

Caminé por el pasillo de la villa del hotel y me dirigí a la primera silla que encontré. Me senté y, frente a mi amigo, me cubrí la cara y lloré durante cinco minutos. Después me levanté y seguí como si nada. En minutos estaba recibiendo llamadas telefónicas y visitantes sin parar que me ofrecían un hombro para llorar. Se sorprendían de mi actitud indiferente. Estaba satisfecha con el excelente trabajo que había realizado, siempre he dicho que si las cosas no se van a hacer bien es mejor no hacerlas. Sin esperar demasiado tiempo, me metí en el Jacuzzi® con mis amigas y amigos hasta estar todos arrugados, después de pasar muchas horas en el agua y de reírnos de las experiencias compartidas.

Mis amigos, quienes tuvieron que asistir a la fiesta en representación de sus empresas, me describieron el "espectáculo del club de los varones" en detalle. Me describieron el momento memorable cuando todos los hombres que fueron elegidos, subieron al escenario vestidos con su etiqueta negra. A continuación, el expresidente, el presidente actual y el presidente electo se tomaron de las manos y las levantaron en señal de victoria, como un símbolo de que el club de los varones había prevalecido; estaban tan orgullosos como cuando el equipo de un país gana los Juegos Olímpicos.

Era el final de un capítulo y el comienzo de mi próxima cúpula profesional. Nada se había perdido; sólo lecciones aprendidas y que pusieron a prueba mi temple; sabía que las compartiría con los demás. Muchos me preguntaron cómo podía ser tan fuerte después de perder y mi respuesta fue sencilla: Hay muchas cosas que te llegan y que no puedes explicar, hasta que en un momento dado, la explicación surge como música de fondo.

UNA GRAN PÉRDIDA REVELA MI MISIÓN

Un mes antes de la elección, durante el fin de semana que se celebra el día de la recordación en los Estados Unidos, mi familia y yo fuimos a nuestra casa de playa para un merecido esparcimiento y descanso. El ambiente tranquilo no duró mucho tiempo. Al día siguiente, recibí una llamada telefónica desde Miami de la hija de Joachim de Posada. Me dijo: "Papi no está bien".

Sus palabras resonaron en mi mente, mis ojos se llenaron de lágrimas y comencé a llorar. Al día siguiente, tomé el primer vuelo a Miami. Al aterrizar, alquilé un auto para ir directamente al hospital. Con un peso en el corazón y una tristeza abrumadora, caminé por el pasillo de la unidad de cuidados intensivos. Todo lo que veía a mi alrededor eran habitaciones con puertas de vidrio ocupadas por pacientes que estaban luchando por sus vidas. Los únicos sonidos que podía escuchar salían de las máquinas que los mantenían con vida.

Cuando llegué a la habitación de Joachim, me puse los guantes, me cubrí el rostro con una máscara de papel y me puse una bata de plástico para evitar que se contaminara. Tan pronto como me le acerqué y oyó mi voz, abrió sus grandes ojos azules, me agarró del brazo y me acercó a su cara. Me preguntó varias veces si era cierto que había volado para verlo.

Unos minutos más tarde, me preguntó si lo quería. "Por supuesto, yo te adoro. Es por eso que vine de inmediato". Con gran dificul-

tad, pronunció: "Si me quieres, ve a tu hotel y descansa un poco".
No entendí su petición, pero de todos modos lo obedecí y me fuí.

Al parecer, la conmoción y la sorpresa de verme tuvieron un impacto tan grande en él que estuvo a punto de morir esa noche. Al día siguiente, dudé volver a verlo, por eso le pregunté a su hija si era conveniente visitarlo. Mi intención era verlo, no hacerle daño, y darle las gracias por la enorme influencia que tuvo en mí y en las mujeres que asisten a mis programas. Fue el responsable de guiarme para alcanzar la cúpula profesional que había trazado para mí.

Accedió a verme. Con la misma emoción y con el corazón en la mano como el día anterior, me cubrí y entré a la habitación del hospital. Cuando sintió mi presencia, se despertó de su estado letargo. Me agarró con firmeza por el brazo, me acercó y me dijo con una leve sonrisa, "¡Mi niña, anoche casi me matas!"

Le hablé durante horas sobre los logros que había obtenido gracias a él, y de mi responsabilidad de continuar con su legado de influenciar a mujeres para lograr sus objetivos, como hago y seguiré haciendo. De repente, me sentí muy tranquila y supe que era el momento de decir adiós. Le pedí que me diera un beso, levantó sus labios y me besó en la mejilla. Estaba sumamente entristecida, pero sabía que era importante mantener la calma. Le dije que lo quería y salí al pasillo sabiendo que esta era la última vez que estaría a mi lado para darme consejos sabios como sólo un padre puede hacerlo.

Dos semanas antes de las elecciones, recibí una llamada de su hija a las 2:30 de la madrugada, para informarme que había falleci-do. Lloré hasta las 6 a.m., y luego redacté un comunicado de prensa sobre su muerte. Fue una de las cosas más dolorosas y difíciles que he hecho en mi vida. Necesité cuatro horas para completarlo.

La partida del Dr. de Posada fue una pérdida trágica, no el resul-tado de la elección. La elección fue simplemente un hecho más en mi vida, pero su muerte fue una pérdida devastadora.

Todos los días de nuestras vidas nos pasarán situaciones. Para sobrevivirlas, hay que actuar como una banda elástica que se ajusta a la forma de lo que está sosteniendo. Así de sencillo.

Es también importante no sentarse a esperar que los cambios sucedan o que las sorpresas lleguen. Como empresarias, tenemos que hacer del cambio una constante en nuestras vidas, identificar continuamente cómo mejorar nosotros mismos y asumir riesgos calculados, para probar nuevas formas de hacer negocios. Ese es el camino para convertirse en una mujer que cambia las reglas del juego o como se dice en inglés, una "game changer".

ELIGE TU VOLUMEN

CAPÍTULO

10

ROMPE
EL MOLDE

Como lo mencioné antes, cada uno tiene una Consola de Sonido Personal™ para ajustar el volumen que desea con respecto a su carrera, su familia y lo que le gusta. Es por eso que debes tener muy clara cuál es tu próxima cúpula profesional y caminar a tu propio ritmo; aunque la gente trate de desviarte de tu camino.

El camino es cada vez más fácil, porque muchas empresas, tanto locales como internacionales, están ajustando con entusiasmo sus consolas de sonido, para asegurarse de que sus mensajes hagan sentido a su clientela femenina. Las empresas se han dado cuenta que las mujeres tienen influencia, que toman las decisiones del 85% de las compras del hogar y compran más del 50% de los productos masculinos tradicionales, desde automóviles hasta dispositivos electrónicos. Estas empresas han aceptado el hecho de que tienen que promover la inclusión de la mujer, para entender mejor lo que las consumidoras quieren. Por esta razón, es crucial que el número de mujeres que forma parte de los comités ejecutivos y de las juntas de directores sea proporcional al porcentaje de las consumidoras.

Como empresarias y ejecutivas, el tema es que no tenemos que hablar o actuar como hombres, pero si como personas de negocios. Durante mi campaña, muchos empresarios y altos ejecutivos coincidieron en que el problema no estaba en que me convirtiera en un hombre. Insistieron en que debería ser yo misma, con el carácter, creatividad y profesionalismo que me caracterizan.

Las mujeres deben tener una idea clara de sus propósitos y objetivos, para que se les tome en serio en el mundo de los negocios. Las compañías y organizaciones que quieran crecer económicamente deben estar abiertas a nuevas formas de hacer negocio a traves de la inclusión de la mujer.

EL EFECTO DE LA PIEDRA QUE REBOTA

Cuando estaba en escuela primaria, recuerdo haber ido a la playa en una excursión con algunos compañeros y sus padres y madres. Acompañados por el papá de un amigo, caminamos por la orilla recogiendo piedras y cristales para lanzarlos al agua y hacer que "la piedra rebotara". El ganador era aquel cuya piedra rebotara más veces y llegara más lejos. Al igual que las piedras que rebotan, los mensajes, acciones y contribuciones a nuestras empresas, a la comunidad y a otras mujeres deben tener un impacto tal que resuenen y alcancen al mayor número posible de personas.

El éxito se debe compartir. No eres la dueña del 100% del éxito que obtengas. Mi madre me enseñó que cuando tomas un concepto y lo desarrollas con la ayuda de otros para crear algo, eres copropietaria. Es tu responsabilidad compartir con tu equipo y con los que te rodean el éxito que alcances. Siempre recuerda que si quieres que tus esfuerzos, productos y mensajes tengan el efecto de la piedra que rebota, necesitas el apoyo de los demás. Cuanto más lejos lleguen tus mensajes y acciones, mayor será el impacto que tendrán en tu vida y en la de los demás.

Aunque a veces pienses que estás sola, en realidad no lo estás. Aprovecha este momento para identificar a 10 personas que podrían ser mentores y líderes de opinión en sus respectivas industrias. Anota sus nombres, mantén la lista en el cajón de tu escritorio en todo momento, pero lo más importante, propicia una relación con ellos. Nunca se sabe cuándo tendrás que recurrir a uno de ellos.

En caso de duda con respecto a un movimiento crítico, saca la lista y evalúa cuál de las 10 personas te podría ofrecer el consejo que no quieres oír. Comunícale tus acciones y resultados, pero sobre todo, exprésale tu gratitud con la misma energía que cuando le pediste ayuda. Ser agradecida es una de las mejores lecciones que he aprendido.

VENDE TU PESO EN ORO

Vender su peso en oro es algo que se le hace difícil hacer a muchas personas. De hecho, ese es un tema que siempre aparece cuando entrevisto a las mujeres con respecto a sus áreas de oportunidad.

Es una lucha sentarse e identificar sus puntos fuertes. Las mujeres se subestiman, como ilustra la siguiente historia.

Yo estaba de pie en una fila interminable de un taller de reparación automotriz. Para aprovechar el tiempo, me puse mis auriculares para escuchar grabaciones que me permiten aprender sobre ideas aplicables al momento. Fue cuando una amiga a la que no había visto en años se paró detrás de mí. Emocionada de verla, le pregunté, "¿Qué estás haciendo estos días? ¿Qué tanto ha crecido tu negocio? "

Me respondió: "Bueno, la verdad, no mucho. Sigo proporcionando el mismo servicio a la misma empresa. Y estoy vendiendo algunas joyas que no son espectaculares, pero si bonitas. Sólo estoy dedicada a mis hijos". ¡Vaya! Mi entusiasmo se evaporó al instante y pensé en el personaje deprimente de *Debbie Downer en Saturday Night Live*.

¡Qué decepción! ¿Qué tienen que ver los niños con la joyería o con el hecho de hacer exactamente lo mismo durante más de 15 años? Solo demostró falta de confianza en sí misma. Ella pudo haberle dado un giro positivo a su contestación, haciendo énfasis en que su cliente ha demostrado una lealtad increíble durante los últimos 15 años, porque ella se mantiene al día con las tendencias de la decoración y que eso la llevó a diversificarse con una espectacular línea de joyería. ¿No te parece que suena más atractiva esta respuesta?

"¡Mira este brazalete tan hermoso! Pruébalo para ver cómo se te ve. ¿No es bello? Mi trabajo me ha dado la flexibilidad de hacer lo que me gusta profesionalmente, sin dejar de dedicarle tiempo a mis hijos".

Si no estás entusiasmada con lo que eres y con lo que haces, ¿cómo esperas que otros sientan entusiasmo o pasión por ti y por tu producto? Al final de mis presentaciones, me inclino a preguntar: "¿Creen que me gusta lo que hago?" La mayoría de las veces, la gente grita, "¡No, no te gusta. . . te encanta!" Entonces, respondo, "¿Cómo demuestro que me gusta lo que hago?" En ese momento, todo el mundo grita palabras como: sonrisa, pasión, entusiasmo, conocimiento. Algunos enfatizan, "tú dominas el tema" y "te aseguras de que todo el mundo entienda cómo poner en práctica la información."

A veces somos tímidas cuando nos estamos "vendiendo", porque nos enseñaron a sentarnos con las piernas bien cerradas y con la falda perfectamente estirada hacia abajo, para que nadie pueda ver nuestra ropa íntima. Mientras que a los chicos se les permitía correr, sudar, rodar por el suelo y correr todos los riesgos del mundo. Sí, la culpa de que seamos tímidas para vendernos es de nuestros padres, porque siempre nos exhortaron a ser corteses, a dar respuestas de señoritas como "perdón" y "lo siento" y otras respuestas de arrepentimiento. No es una cuestión de ser descomedida o maleducada, se trata de no pedir permiso para ser la mejor. Véndete por lo que eres: un diamante, un rubí, una esmeralda.

Durante algunas de mis conferencias, le pregunto a mi audiencia si se definen como un producto de marca o como uno genérico. Casi el 90% de las veces, los hombres gritan "de marca", mientras que las mujeres encogen los hombros, bajan sus ojos y murmuran: "No sé."

¡A ver! Si piensas que tú eres un producto "genérico", vas a pasar desapercibida cuando compitas contra los demás por los puestos más altos de la empresa. ¿En todo caso, quién prefiere un genérico? Debes encontrar la manera de destacarte entre la multitud.

Todas las carteras son iguales, lo mismo que los carros. Las carteras te permiten llevar las cosas contigo y los carros son un medio de transporte. La diferencia entre las marcas económicas y las de lujo es la forma en que te hacen sentir y proyectarte. Imagínate que usas una cartera de plástico y conduces un carro viejo para ir a tomarte una cerveza en un bar del barrio ¿No sería mejor llevar una cartera Louis Vuitton y conducir hasta un club exclusivo en un Jaguar nuevo, para tomarte un cóctel o una copa de champán?

FUERTE V. DÉBIL

"Ella es demasiado fuerte. . . debería ser más suave", le dijo una colega de la organización para la cual estaba postulada a una amiga mía. Irónicamente, esta mujer favoreció al oponente que en el pasado había sido acusado de agresión. (Una acusación que más tarde fue comparada con una multa por estacionarse mal, según el club de los varones).

Las mujeres se enfrentan a un dilema. Eres demasiado fuerte o demasiado débil. Dialogando con un colega, que es el presidente de su empresa y líder en su industria, le pregunté: "¿En la organización profesional a la que perteneces, existen mujeres que como tú ocupen altos cargos directivos?" Me respondió: "Bueno, déjame pensar. . . hay tres. Y hablan bien fuerte. Son muy fueeertes".

La forma en que alargó e hizo hincapié en la palabra "fuerte" era irritante y me llevó a preguntarle:

"¿Por qué enfatizas "fuerte"? ¿Esperas que un presidente de una empresa como la tuya sea débil? ¿Estamos confundiendo la asertividad de una mujer con la arrogancia? Porque si suavisamos las cosas y las endulzamos antes de hablar, nos acusan de ser demasiado débiles". A lo largo de mi carrera, he trabajado principalmente con hombres y he aprendido que sólo tienes que concentrarte en hacer que tu mensaje pegue, motivar e inspirar acciones que te lleven a alcanzar tu cúpula profesional.

ROMPE
EL MOLDE

CAPÍTULO
11

ROMPE EL MOLDE

Cuando pienso en el club de los varones, me viene a la cabeza la imagen de las cadenas de muñecas de papel que aprendimos a recortar en la escuela primaria y que están en la portada de este libro. Siempre me pregunté cómo podía hacer que las muñecas fueran diferentes, pero recortadas del mismo papel.

Las figuras de papel son nuestra gente. Con el fin de promover la inclusión, necesitamos que nuestra gente provenga de diferentes resmas de papel. Como hemos visto, hay muchas actitudes que llevan a la inequidad de género en el ámbito laboral. Como cuando se opina que el rol de la mujer es el de cuidar a sus hijos, el que no puede realizar ciertos actos que conllevan fuerza física, o que por su tono de voz no tiene confianza en sí misma.

Con los años, sin embargo, las mujeres le han sacado partido a las oportunidades educativas y ahora son la parte más educada de la fuerza laboral. Aun así, las mujeres componen aproximadamente la mitad de la fuerza de trabajo y ganan sólo el 78% de los salarios de sus homólogos masculinos, según el Consejo de Asesores Económicos de la Casa Blanca en Washington, D.C.

A pesar de algunos avances en pro de la inclusión de las mujeres y de la equidad de género, aún tenemos trabajo por hacer. Me paso gran parte de mi tiempo con líderes y profesionales de recursos humanos (casi el 70% son mujeres) que se quejan de que no se les considera parte de la alta gerencia, pero son incapaces de enfrentarse con los directores ejecutivos. Cuando escucho esto, mis oídos reaccionan porque me pregunto si el género es parte del problema.

La inequidad de género en el ámbito laboral es un problema que afecta principalmente a las mujeres, pero no es un problema cuya solución sea responsabilidad exclusiva de ellas. La equidad de género no puede surgir sin el apoyo y la comprensión del liderazgo masculino. En un sistema que favorece a los hombres, la fuerza laboral masculina tiene la obligación de ayudar a las mujeres a salir adelante.

CON MIRAS A OBTENER MEJORES RESULTADOS FINANCIEROS

Ya las empresas se han percatado de la correlación entre el liderazgo femenino y los resultados financieros. Los estudios demuestran que las compañías que tienen más mujeres en los cargos gerenciales y en las juntas directivas han visto aumentar el rendimiento de sus inversiones, más que aquellas que tienen un menor número de mujeres.

Organizaciones de todos los tamaños, en todo tipo de industrias, se están dando cuenta de que para tener más éxito en la comprensión de las necesidades de sus clientes, el perfil de los directivos debe coincidir con el perfil de los clientes. Hace sentido, en cuanto a negocios.

Estudios realizados en los Estados Unidos señalan que:

• Las mujeres representan el 85% de todas las compras de los consumidores, desde automóviles hasta la atención de la salud. (Mindshare[1] / Ogilvy & Mather).

• El 62% de las mujeres dueñas de negocios ponen en duda si las empresas a las que les compran entienden sus necesidades como propietarias. (Entrepreneur Tracking Study)

• Sólo el 28% de las mujeres que participaron en la encuesta de W Certified Company™ señalaron que sus organizaciones contratan a otras empresas cuyas dueñas son mujeres.

• El 50% de los productos que se comercializan para hombres, por lo general, los compran las mujeres. (Business Insider).

• El 70% de las mujeres dicen que sus patronos no capacitan para desarrollar sus habilidades en las áreas de sesgos conscientes e inconscientes.

Deloitte aprendió a base de cometer errores. En la revista Harvard Business Review, la empresa explicaba lo difícil que le era prepararse para reuniones de nuevos negocios. Estas presentaciones no se materializaban, ya que no les permitian conectar con los clientes potenciales para cerrar la venta. ¿Por qué? La mitad de los participantes a estas reuniones eran mujeres. Entonces, a base de esta información, Deloitte tuvo que crear nuevos grupos de negocios mixtos y enseñarle a los hombres cómo venderle a las mujeres.

Pensando en esto, cada vez más empresas de una gran variedad de industrias están promoviendo la inclusión. Lo han hecho integrando el tema en sus planes de negocio y en las evaluaciones de desempeño, para asegurar acciones que ayuden a contratar, desarrollar y retener al mejor del talento femenino.

LAS MUJERES Y LOS RESULTADOS FINANCIEROS

Hombres y mujeres necesitan colaborar en la inclusión de la mujer. Ellas proporcionan enormes beneficios a la empresa, como traer nuevas perspectivas que promuevan la innovación y que resulten en un ambiente de trabajo más productivo.

Estudios realizados a nivel mundial muestran que la inclusión de la mujer es vital para el éxito de una empresa y que tiene un impacto positivo en los resultados. De hecho, muchas empresas han notado una correlación entre el liderazgo femenino y los resultados financieros.

Los estudios apoyan esta observación, pues muestran que las empresas que tienen más mujeres en los cargos gerenciales y en las juntas directivas obtienen mejores rendimientos de sus inversiones que aquellas que tienen un menor número de mujeres. Esto podría deberse, en parte, a que los procesos de toma de decisiones de las mujeres son diferentes. Ellas prestan atención a una serie de factores que los hombres, por lo general, no hacen. Por eso es tan importante promover la equidad de género en las empresas y tomar decisiones más a fondo como lo demuestra el caso siguiente.

Una investigación de Gallup indica que las mujeres líderes tienen equipos de trabajo más felices y sumamente comprometidos, lo que se traduce en una mayor productividad. Por lo tanto, elimina ideas preconcebidas de que las mujeres deben ser ama de casa o madres relegadas a los oficios tradicionalmente femeninos, y reconoce que son capaces de ocupar un puesto en la junta de directores.

Una organización que fomenta la inclusión cimienta el compromiso de los empleados y ayuda a los patronos a captar y a desarrollar los mejores talentos, proporcionándoles oportunidades para el crecimiento. Pero este tipo de cultura no aparece por casualidad, hay que crearla y mantenerla. Para esto es necesario el desarrollo del liderazgo en hombres y mujeres de todas las edades y orígenes étnicos.

• ¿Qué piensas de la inclusión y qué estás dispuesta a hacer para romper el molde?

• ¿Estás lista para hacer una prueba para ver si eres una verdadera propulsora de la equidad de género y de la inclusión?

¿De qué lado estás?

☐ ¿Hablas de inclusión de la boca para afuera para proyectarte políticamente correcta pero no lo practicas?

☐ ¿Te sientes ajena/o a la inclusión de la mujer?

☐ ¿Estas evitando asumir riesgos?

☐ ¿Tratas de mantener un perfil bajo y pasar desapercibido/a?

¡Tu empresa está perdiendo dinero!

¿De qué lado estás?

¿Crees en la inclusión de la mujer?

¿Estás tomando las medidas necesarias para promoverla?

¿Tus pasos resuenan internamente en tu empresa y ex-ternamente entre los proveedores y tu comunidad?

¿Estás liderando esfuerzos que midan el progreso para romper el molde interno y externo?

¡Estás influyendo en la productividad de tu empresa de forma positiva!

VE A DÓNDE TE VALOREN

Con el fin de garantizar la diversidad y la inclusión en una compañía, la alta gerencia debe tomar el control del asunto, para que éste se incorpore en el plan de negocios. En particular, la inclusión se debe medir a través de los principales indicadores de rendimiento (KPI) y en las evaluaciones de desempeño.

Si la empresa en la que trabajas piensa que inclusión significa contratar a mujeres para que ocupen puestos como auxiliares administrativas y recepcionistas, o si el comité ejecutivo y la junta directiva está compuesta sólo por hombres, entonces ese no es el lugar para ti. En vez de centrarse en la coordinación de desfiles de modas en el Día de la Igualdad de la Mujer, las empresas deberían ofrecer talleres en finanzas, economía, comunicación y habilidades de negociación, para mejorar el desarrollo profesional de su talento femenino.

Aquí están los cinco pasos para atraer, desarrollar, retener y promover a las mujeres:

1. Establecer por qué deseas promover la inclusión de la mujer y su desarrollo. (Esto ayudará a convencer a los miembros del club de los varones para que adopten el plan).

2. Identificar al grupo de mujeres que se beneficiará, sus necesidades y deseos en cuanto a su crecimiento profesional.

3. Desarrollar un plan de inclusión y los principales indicadores de rendimiento (KPI) que generará líderes confiables a través de su evaluación de desempeño.

4. Comunicar el plan al personal gerencial y presentar ejemplos del impacto real sobre las mujeres y la empresa.

5. Monitorear y evaluar el impacto del plan y utilizar sus hallazgos para planificar acciones futuras.

¿PATROCINAS EL CLUB DE LOS VARONES?

Cuando hablo del club de los varones, tal vez pienses que soy una feminista en contra de los hombres. Nada está más lejos de la verdad. Siempre he creído que debe ganar el mejor, siempre y cuando las reglas se apliquen equitativamente.

Si hay herramientas para promover la inclusión, ¿por qué no usarlas? Por ejemplo en Estados Unidos, el gobierno federal está obligado a contratar una cuota de empresas cuyas propietarias sean mujeres.

Como mencioné antes, los hombres no son los únicos responsables. Las mujeres también tienen un papel en lo que simboliza el club de los varones. Muchas mujeres comparten con los hombres la mentalidad de la década de los 60: los puestos de toma de decisiones deben ser un trabajo para hombres. Otras mujeres que también desempeñan su papel son aquellas que creen que si ellas no pueden alcanzar una cúpula tampoco otras mujeres deben hacerlo, lo que nos lleva a todas de vuelta al mismo punto. Así que mi pregunta es:

¿Eres un miembro del club de los varones y apoyas sus iniciativas?

Cuando se tiene diversidad de criterios, se toman mejores decisiones y más rápidas, se reducen errores costosos y la posibilidad de exposición negativa a través de los medios de noticias.

Cuanto mejor sea tu reputación como empresa socialmente responsable de la promoción de la inclusión de la mujer, más fácil será atraer y retener al mejor talento femenino. Los patronos están invirtiendo grandes sumas de dinero para identificar y poner en práctica soluciones para crear y promover un lugar de trabajo que fomente la inclusión.

Las compañías se han dado cuenta de que si la productividad es un tema clave, necesitan atraer y retener al mejor talento femenino, para darle una perspectiva diferente al negocio, que ayude a acelerar los resultados finacieros positivos.

EMPODERA LA MUJER. ACELERA RESULTADOS™

Es hora de que hagas un autoanálisis para determinar si tus acciones promueven al club de los varones, o si vives y promueves la diversidad y la inclusión.

¿Eres mentora de otras mujeres dentro de tu equipo y otros departamentos, incluso en otros países?

¿Capacitas a tu gente en las siguientes áreas?:
• Comunicación asertiva
• Sesgos conscientes e inconscientes
• "Resiliency"
• Habilidades de negociación
• Política en el mundo corporativo

¿Traes a mujeres exitosas para que le hablen a tus empleados y compartan con ellos mejores prácticas empresariales?

¿Le das una visibilidad equitativa a tus ejecutivas/os durante presentaciones y eventos especiales?

Si diriges un proyecto especial para la compañía, ¿te cercioras de que tu equipo de trabajo tenga equidad de género?

¿Compartes tu conocimiento dentro y fuera de la empresa? ¿Compartes tu éxito?

¿Estás representando a tu compañía como conferenciante en eventos profesionales y comunitarios?

¿Has verificado que la proporción de mujeres y hombres entre tus vendedores esté equilibrada?

¿Te cercioras de que parte de tu presupuesto para patrocinio se destine a organizaciones que promuevan la inclusión de la mujer y no la exclusión?

¿Inviertes en organizaciones no gubernamentales (ONGs) que ayuden a que las mujeres sean financieramente in-dependientes?

¿Inviertes en ONGs cuyas juntas directivas tengan equidad de género?

¿Has creado o participado activamente en un programa de responsabilidad social que apoye a las mujeres a convertirse en empresarias?

142

LO QUE LAS EMPRESAS PUEDEN HACER

¿Tu empresa tiene un programa de inclusión? Si no es así, ¿Sabes cómo crear un programa para la inclusión de la mujer? ¿Cómo pueden las organizaciones fomentar una cultura de inclusión?

A las mujeres tradicionalmente se les evalúa por sus esfuerzos para conciliar la vida privada y la profesional, mientras que a los hombres se les evalúa por sus largas horas de trabajo y por el tiempo que dedican al negocio en campos de golf los fines de semana. Muchas empresas han puesto en marcha programas exclusivamente para mujeres (liderazgo, motivación profesional, "coaching", etc.), para que puedan establecer vínculos comerciales y profesionales durante las horas de oficina, en lugar de que utilicen su propio tiempo.

Las mujeres que han participado en nuestros programas dicen que, al igual que los hombres que tienen sus propias actividades sólo para hombres, prefieren nuestros eventos porque se sienten más a gusto de relacionarse con colegas mujeres que tengan gustos en común en cuanto a negocios y estilos de vida. La desventaja es que mediante la realización de programas sólo para mujeres, las empresas están excluyendo a los hombres y no se benefician de estas oportunidades únicas para atraerlos y enseñarles cómo agregar valor a romper el molde.

La realidad es que para conseguir el apoyo de los que dirigen la compañía, principalmente hombres, se les debe incluir en la conversación. Las empresas pueden avanzar hacia la equidad de género si su equipo de liderazgo sigue estos pasos:

1. **Evaluar** la proporción de balance de género en su compañía:

Hombres_____ Mujeres_____ Junta Directiva

Hombres_____ Mujeres_____ Comité ejecutivo

Hombres_____ Mujeres_____ Divisiones

Hombres_____ Mujeres_____ Gerentes/Supervisores

2. **Obtener** el compromiso total de la dirección general, lo que significa que la inclusión de la mujer sea parte del plan de negocios.

3. **Asignar** un presupuesto significativo y equitativo en comparación con otras prioridades del plan de negocios.

4. **Crear** equipos de trabajo compuestos por los líderes de la compañía (hombres y mujeres), para realizar encuestas y estimular una nueva forma de pensar encaminada a romper el molde.

5. **Establecer** indicadores de rendimiento para medir el progreso y atarlos a las evaluaciones de desempeño.

6. **Identificar** y evitar errores que puedan tener un impacto negativo en los programas.

7. **Diseñar** un cronograma realista para desarrollar e implementar el programa.

8. **Desarrollar** estrategias y tácticas para integrar la inclusión de las mujeres en el desarrollo de productos, comunicación de la empresa, los planes de sucesión, el desarrollo profesional, la contratación, la retención y las prácticas generales de liderazgo y gestión.

9. **Preparar** a las mujeres para que sobresalgan en la empresa en roles de liderazgo, mediante la asignación de proyectos especiales.

10. **Revisar** los programas de compensación y bonificación en todas las categorías y adoptar un proceso de reclutamiento a ciegas.

11. **Identificar** el mejor talento femenino y crear un plan de sucesión que establezca una representación equitativa de las mujeres.

12. **Educar** a los empleados en todos los niveles, empezando desde la cúpula, sobre los sesgos conscientes e inconscientes y borrar conceptos erróneos.

LO QUE LAS MUJERES PUEDEN HACER

¿Por qué hay tan pocas mujeres en la línea de sucesión a puestos de alto nivel? A medida que has leido este libro, te habrás dado cuenta que existen muchos factores para detener a la mujer de llegar a la cúpula: la falta de oportunidades, la poca seguridad en sí mismas, las influencias culturales y las discriminaciones de género. Para ilustrar este punto, la gran mayoría de los conferenciantes que se contratan en los países en donde hago negocios, son hombres. Todas las semanas recibo decenas de promociones de eventos para personas de negocios donde ocho de cada 10 programas incluyen sólo hombres.

¿No hay suficientes mujeres líderes? ¿O es que los organizadores no hacen un esfuerzo consciente para reservar espacios a las mujeres líderes? Sería de gran ayuda para la audiencia femenina verse y sentirse inspiradas por otras mujeres, para alcanzar su cúpula profesional.

Para mejorar sus habilidades y visibilidad, las mujeres también necesitan sacarle ventaja a la capacitación en liderazgo y oportunidades de desarrollo, para que puedan asumir más responsabilidades en los niveles más altos de una empresa o como propietarias de sus negocios. Para crecer en el mundo de los negocios, no se puede depender de otros para salir adelante.

CONVIÉRTETE EN UN AGENTE DE CAMBIO

CAPÍTULO

12

Practico lo que predico. Me atreví a correr contra el club de los varones y perdí la elección. Traté de hacer un cambio y no funcionó. No obstante, he aprendido lecciones valiosas para compartir con las mujeres y con las empresas, para que juntos podamos romper el molde. ¿Qué sigue para mi? Pasar la página y adoptar nuevas formas de hacer negocios, y crear conciencia de que la inclusión de la mujer es buen negocio.

¿Y tú? ¿Practicas lo que predicas? ¿Estás promoviendo la diversidad y la inclusión de la mujer con tus acciones y comentarios conscientes e inconscientes? He escuchado que muchas mujeres se quejan de lo difícil que es romper el techo de cristal. ¡Eso está pasado de moda! Una líder tiene que atreverse a tomar riesgos. Como empresarias debemos aceptar la situación, ser dueñas de nuestro futuro y convertirnos en líderes de cambio, demostrando la influencia que ejercemos en las empresas.

La falta de inclusión de la mujer es sólo una de las muchas injusticias que suceden a nuestro alrededor en la sociedad. Este tema no se puede utilizar para castigar a las empresas, pero sí a los ejecutivos que viran su rostro ante la situación. En una época en donde cada vez más las partes interesadas están exigiendo transparencia y responsabilizando a los líderes de sus acciones, las empresas no pueden darse el lujo de cometer ese error.

Lo más importante, las empresas no pueden ser tímidas a la hora de comunicar lo que están haciendo. Uno de los mayores errores que las compañías están cometiendo es el de suponer que sus mensajes ejercen influencia en su gente y que resuenan en sus mentes y acciones. Las empresas tienen que encontrar formas nuevas y creativas para asegurarse de que sus esfuerzos den como resultado empleados comprometidos e involucrados.

De igual forma, las empresarias y las ejecutivas tampoco podemos ser tímidas a la hora de comunicar en voz alta la influencia que ejercemos en la vida de otros y en la rentabilidad de la empresa. Sí, competí y perdí. Y ahora tengo la extraordinaria oportunidad de usar mi voz y compartir las lecciones aprendidas, mientras ayudo a otras a alcanzar sus cúpulas profesionales. Estoy haciendo mi parte. ¿Qué estás haciendo para promover una cultura de inclusión que tenga un impacto positivo en la comunidad y también en los resultados financieros de la compañía?

El club de los varones y el techo de cristal son reales en muchas empresas. Yo las percibo como rocas esparcidas en mi camino. Recuerda, cuando te encuentres con piedras en tu camino, significa que estás avanzando. Estamos rompiendo el molde del mundo empresarial que ha estado en vigor durante siglos.

He visto la falta de balance de género en todos los aspectos de la sociedad, pero en vez de mantener un perfil bajo y pasar desapercibida, me he hecho cargo de mi carrera y he ayudado a otras a hacer lo mismo.

Es entonces cuando decidí crear un movimiento para motivar a las mujeres a que alcancen sus cúpulas profesionales y para destacar públicamente a las empresas que se esfuerzan por convertirse en propulsores de las mujeres.

A partir de mis experiencias personales como ejecutiva y conferenciante, he desarrollado soluciones específicas para promover el liderazgo de las mujeres, y tú puedes hacer lo mismo. Entre ellas están:

- Ofrecer programas educativos enfocados en las necesidades de las ejecutivas y empresarias, para que alcancen sus cúpulas profesionales.
- Concienciar a las organizaciones sobre cuan crucial es equilibrar la proporción entre los conferenciantes masculinos y los femeninos y los líderes de alto nivel.

- Crear una plataforma exclusiva para mujeres conferenciantes.
- Motivar a las mujeres para que cumplan sus expectativas profesionales.

En mis conversaciones con ejecutivas y empresarias, es obvio que al igual que los hombres, ellas quieren alcanzar sus metas profesionales pero con un giro diferente. Las mujeres quieren aprender mejores prácticas de negocio a nivel mundial, que puedan aplicar en función de sus preferencias de hacer negocio. Quieren compartir sus experiencias con otras mujeres que piensen igual y relacionarse en un ambiente de apoyo que fomente el intercambio de conocimientos, experiencias e ideas. En respuesta a estas observaciones creamos el Women Who Lead Summit™, un programa de un día para altas ejecutivas y empresarias.

DANDO LA MILLA EXTRA

Sabía que la creación de un congreso exclusivamente para las mujeres no era suficiente para aumentar la inclusión y ayudar a las empresas a ser más conscientes sobre el tema. Por lo tanto, creé una herramienta para destacar a las empresas que demuestren un compromiso con el desarrollo y la inclusión de la mujer, al tiempo que inspiran a otras a seguir su ejemplo. El W Certified Company™, que lidera el camino para la inclusión de las mujeres, nació como una herramienta de diágnostico innovadora para ayudar a las empresas a evaluar cuál es el sentir de sus empleadas acerca del compromiso que tienen sus patronos con las mujeres.

Esta herramienta única en el mundo, ofrece a las empresas una manera de medir y de ser reconocidas públicamente por sus iniciativas, inversiones y compromiso con el desarrollo de las mujeres, tanto interna como externamente.

Tomamos en cuenta los puntos de vista de las mujeres líderes con respecto a los esfuerzos de su empresa, con relación:

- Compromiso de la empresa con la inclusión de la mujer
- Creación de programas de desarrollo para la mujer
- Alinear programas de recompensación y bonificación

Compañías de una gran cantidad de industrias han sido certificados como W Certified Company™, entre ellas: seguros, minoristas, educación, medios de noticia, alimentos y bebidas, manufactura, belleza, tecnología, hotelería y distribución.

En Puerto Rico, empresas internacionales como Unilever, Ethicon, Starbucks, Microsoft, Walmart, T-Mobile, Sears y General Electric, entre muchas otras, fueron seleccionadas por ser propulsoras de la mujer.

HOMBRES QUE LIDERAN

"¡Tengo una gran idea para recompensar a nuestro equipo de trabajo por obtener resultados excelentes durante el trimestre; vamos a llevarlos a todos a Nueva York, para ver un partido de los Mets!", dijo el presidente de una compañía internacional a quien le estaba ayudando a incrementar la cifra de mujeres en su alta gerencia.

Su idea me sorprendió, porque él es el principal propulsor de la inclusión de las mujeres. El reconoce al 100% el impacto increíble que tienen las mujeres en los negocios. Aun así, sus sesgos conscientes e inconscientes salen a la superficie. De hecho, en cuanto expresó la idea, cambió de opinión y dijo: "¡Esa no fue una buena idea! A la mayoría de las mujeres ni siquiera les gusta ir a los juegos de pelota".

Es la clase de líder que hace un esfuerzo consciente para promover la igualdad. ¡Pero, por favor! Al final del día, es un hombre y piensa como hombre. Ejecutivos como él sólo necesitan un equipo de trabajo que les ayude a cumplir con las expectativas y necesidades de las mujeres. No es que las excluyan a propósito.

Como propulsora de la inclusión de las mujeres, he conocido a cientos de hombres con una extraordinaria pasión por este tema. Se destacan por cinco prácticas comunes:

1. Reconocimiento de género

Reconocen que las mujeres ofrecen perspectivas únicas para el crecimiento de la empresa, que son vitales para acelerar los resultados.

2. Se dan cuenta de que las mujeres afrontan diferentes problemas en el lugar de trabajo

Muchas mujeres enfrentan sexismo en el trabajo, pero algunas experimentan estigmas adicionales debido a otros factores, como la raza, la orientación sexual o la discapacidad. Ser un defensor de las mujeres significa entender que el sexismo puede tener (y probablemente tenga) un aspecto diferente para cada mujer.

3. Observan y actúan ante las actos que afectan a las mujeres

Toman acción cuando se percatan que se pasa por alto a mujeres sumamente competentes en los ascensos que se conceden a sus homólogos masculinos. Sobretodo traen a la atención cuando escuchan empleados varones dirigirse con menosprecio a las mujeres. Y ponen en vigor políticas justas tanto para hombres como mujeres.

4. Comparten la carga de trabajo

En un aspecto más privado, contribuyen con las tareas domésticas y con el cuidado de niños en el hogar. Eso le demuestra a su pareja que ven la relación como una equitativa. Investigaciónes muestran que el compartir la carga de trabajo del hogar contribuye a una unión más fuerte y más feliz.

5. Son un ejemplo para sus hijos

¿Cómo le puedes explicar a tu hija, sobrina o nieta que ella tendrá oportunidades de carrera limitadas por el hecho de ser mujer? Por eso este tipo de lider estimula a las jóvenes a asumir roles de liderazgo en la escuela, en la iglesia y en la comunidad.

Sirve como un modelo positivo al involucrarse en grupos y actividades de la comunidad. Estimula a las niñas a participar en deportes desde una edad temprana, para aumentar su confianza y autoestima.

Cuando pueden patear el trasero de alguien en el parque, con el tiempo lo podrán hacer en la sala de juntas entre sus colegas masculinos.

Como se ha visto, el tema de la inclusión no es sólo para las mujeres. Se requiere el esfuerzo de muchos para eliminar la discriminación de género y crear más oportunidades para ellas en posiciones de liderazgo. Para acuñar una frase popular en inglés (It takes a village…): "Toma una comunidad…" hay muchas acciones que pueden tomar las personas y las empresas para aumentar la conciencia sobre la inclusión.

Aplaudo a los propulsores de la inclusión, tanto a hombres como a mujeres, por su compromiso con fomentar la equidad de género, a través de programas innovadores que ayudan a crear un lugar de trabajo más feliz y productivo, con las mujeres en posiciones de liderazgo.

SI FUERAS
MI HERMANA

Cada vez que tengo que pedir una opinión, siempre comienzo preguntando: "¿Si yo fuera tu hermana, qué me recomendarías? Durante el proceso de la elección para el puesto de presidenta y mis años como ejecutiva de alto nivel, he aprendido muchas lecciones valiosas que voy a dejar como enseñanza a mi sobrina y a otras mujeres en todo el mundo. Si fueras mi hermana/o, te recomendaría que rompas el molde mediante la adopción de estas prácticas:

- Demuestra solidaridad con otras mujeres.
- Conviértete en una mentora.
- Crea oportunidades para crecer. Es verdad, se cosecha lo que se siembra.
- Ve a donde se aprecie y se respete a las mujeres por el valor que agregan al funcionamiento de la organización y a los resultados.
- Inspira y motiva a otras mujeres a crecer y a alcanzar sus cúpulas profesionales.
- Celebra los logros de otras personas con el mismo entusiasmo que celebras los tuyos.

- Asume la responsabilidad de llegar a tu próxima cúpula profesional y conviértete en un elemento de cambio que rompa los moldes de hacer negocios.

A lo largo de este libro, encontraste ejemplos de cambio que enfrentaron resistencia por desafiar el "statu quo". Al igual que las mujeres que han cambiado las reglas del juego durante la historia, saca las piedras de tu camino a patadas como si fuese un partido de futból y continúa hasta la cúpula.

¡Rompe el molde! ¡Es hora de tomar la iniciativa!

SOBRE LA
AUTORA

Frances Ríos

Presidenta, Frances Rios Enterprises
WomanPreneur, conferenciante internacional y consultora

"Estoy segura de que cuando se rompe el molde en la cúpula corporativa y se promueve la inclusión de las mujeres, las empresas aceleran los resultados financieros positivamente y tienen un impacto profundo en la sociedad."

Es reconocida como líder de opinión y pionera de la inclusión de la mujer en Puerto Rico y América Latina. Su enfoque es llevar a las mujeres a alcanzar sus cúpulas profesionales y ayudar a las compañías a crecer económicamente fomentando la inclusión. Luego de graduarse de periodismo televisivo de la Universidad de Loyola en Nueva Orleans, se desatacó por años como portavoz de empresas Fortune 100 -como Walmart y Humana Health Plans- en Estados Unidos.

Miles de ejecutivos/as en América Latina y Estados Unidos se han beneficiado de sus conferencias y consultoría en comunicación estratégica e inclusión femenina. Los altos ejecutivos conocen que mediante la adopción de mejores prácticas relacionadas con la inclusión de la mujer pueden conectar mejor con sus clientes mujeres. Es por eso que confían en Frances para ayudar a atraer, retener y promover el mejor talento femenino.

Por su labor en el campo de la inclusión, Frances ha sido invitada como conferenciante para el evento de Most Powerful Women de la revista Forbes en República Dominicana. De igual forma en el mes de junio de 2016 Frances fue invitada por Casa Blanca en DC, para participar en el United State of Women Summit. Su profundo conocimiento en los temas de comunicación estratégica e inclusión la han llevado ha ser entrevistada en medios internacionales como: CNN, Forbes, Univision y Telemundo, entre otros.

FRANCES RIOS ENTERPRISES

Única firma en América Latina enfocada en desarrollar a las mujeres y ayudar a las empresas a posicionarse como propulsores de la mujer para acelerar resultados financieros.

Conferencias desarrolladas a la medida y herramientas de diagnóstico únicas en el mundo.

2016 CERTIFIED COMPANY Leading the way for women's inclusion.

Herramienta única en el mundo que mide los niveles de inclusión en las empresas y la percepción de las mujeres con relación a sus esfuerzos. Este reconocimiento público les permite posicionarse como propulsores de la mujer con el fin de: • Atraer y retener el mejor talento femenino, • Conectar con la consumidor • Acelerar resultados económicos.

THE W REPORT

El 85% de las decisiones de compras en el hogar son hechas por las mujeres… Por eso estudiamos lo que desean, necesitan, y lo que les inspira para realizar la compra. A través de entrevistas y "focus groups" entre la consumidora objeto podemos desarrollar un plano-grama de estrategias y tácticas que nos permitan conectar a nivel personal con la consumidora. Esta información junto con la obtenida de su talento femenino a través del W Certified Company nos permite presentar un plan 360 que impacte la vida de sus clientes internos y externos.

WOMEN WHO LEAD SUMMIT

Es el evento pionero en PR que reúne a ejecutivas y empresarias de más alto nivel en un congreso de un día por invitación. La tarima está reservada para mujeres.

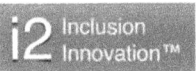

i2 Inclusion Innovation™

Conferencia exclusiva para hombres y mujeres en la alta gerencia, que desean conocer estrategias para fomentar la inclusión y acelerar resultados financieros.

www.ingramcontent.com/pod-product-compliance
Lightning Source LLC
Chambersburg PA
CBHW031938190326
41519CB00007B/584